Verbe incarné contre sexe tout-puissant

1re édition : janvier 2005

Conception graphique et maquette : Studio Morris Taub, Montpellier

Correction : Ad Litteram

Photographie de couverture : Kanfr

ISBN : 2-911939-51-4

Dépôt légal : 1er trimestre 2005

Imprimerie : Beta

100% papier recyclé

Imprimé en Espagne

Jean Cardonnel
Avec une postface de Jean-Théophile Banzouzi

Verbe incarné contre sexe tout-puissant

indigène éditions

SOMMAIRE

QUAND J'AI VU QUE MES FRÈRES N'ÉTAIENT PAS DES FRÈRES, IL M'A BIEN FALLU EN APPELER DE CETTE RELIGION INJUSTE À LA JUSTICE.

SIMPLEMENT POUR NE PAS CREVER.

I

LE VERBE NU JETÉ À LA RUE

« On » vient de m'expulser, à l'âge de quatre-vingt-un ans, du couvent dominicain au 8 de la rue Fabre à Montpellier, où je vivais, dormais, mangeais, prêchais, écrivais, travaillais depuis 1958. En mon absence, car j'étais à l'île de la Réunion, mes affaires personnelles – vêtements, livres, manuscrits en chantier, projets de livres – furent sorties de mon domicile, certains effets jetés dans des sacs poubelles, tout ça en présence de mon prieur et de son sous-prieur, par des étudiants laïcs locataires du couvent qui agissaient à leur demande. L'un de mes propres livres, *Le Négrier de l'humanité*, fut même lacéré, poignardé sans qu'on sache précisément par qui. Les sacs poubelles furent disposés dans le couloir, attendant d'être transportés ailleurs. Mais je laisse ici mon ami Jean-Théophile Banzouzi, présent alors au couvent et alerté par ma secrétaire Monique Giraud, apporter son témoignage : « Comment ne pas s'étonner que dans ces lieux dédiés à la Parole de vie, on trouve des actes contraires à la vie ? Car j'ai vu et touché moi-même ce livre lacéré profondément à coups de couteau. Quelle est la symbolique d'un tel acte ? Ce livre est l'œuvre d'une personne, ça veut dire qu'elle fait partie intégrante de lui-même. Le lacérer avec une telle violence résume l'intention des auteurs de cet acte. Jean, du coup, ainsi que l'ensemble de son œuvre, est tout ce qu'ils exècrent. Oui, son œuvre, cinquante ans d'une vie consacrée à la Parole et à l'Église, se retrouver jetés à la rue, sans véritable proposition de domiciliation ailleurs, quelle honte ! Nous étions au bout de l'incompréhensible. Pourquoi une telle rage, un tel empressement ? Parce que depuis son ordination au pain partagé, Jean veut sonder la solidité des fondements du christianisme. Je l'entends encore proclamer en prédication : "Nous parlons de Dieu mais de quel Dieu ? Nous parlons de fraternité mais où est-elle ? Nous aimons l'Église mais pourquoi est-elle toujours en union matrimoniale avec tous les pouvoirs constitués ?" Ces questions dérangent. Pour ses "frères", pour le chrétien d'habitude discipliné, formaté, qui ne veut pas entendre ces questions, il est celui qui scie la branche sur laquelle il est assis. Au contraire ! Il ne peut être assis sur cette branche visiblement pourrie. Encore une fois, ce qu'il espère, c'est une Église qui se dédierait à la Parole vraie, à l'image de Jésus, et même mieux, une Église qui incarnerait la Parole. »

Des sacs poubelles, un livre poignardé, une expulsion pirate… Voilà ce qui m'arrive après une vie entière dédiée à la diffusion de la Parole.

J'avais dix-neuf ans quand j'embrassai la profession d'homme de la Parole ; la Parole, dès mon enfance, il n'y avait qu'elle qui comptait pour moi. Aussi ai-je très vite pris en horreur l'expression consacrée « avoir la parole facile ». Parce que c'est aussi laid que de dire d'un homme ou d'une femme, qu'ils ont la vertu facile. Je voulais embrasser plusieurs professions à la fois : mon désir était d'être en même temps et du même élan, avocat, comédien, ou plutôt acteur, et prédicateur. Une profession dont je pourrai faire profession, qui saisirait mes énergies en radicalité. Je me situais ainsi bien au-delà du prêtre qui m'apparaissait d'abord comme l'homme du culte. Rien à mes yeux n'était plus beau, comblant, rassasiant, que de me griser, de m'enivrer de la Parole devinant déjà qu'elle culminait dans le Verbe. Dans le vocabulaire courant, le Verbe n'est que le nerf de la phrase qui comporte des substantifs, des adjectifs, des compléments. Pour moi, non seulement ce n'était pas ça, mais je pressentais qu'il y avait un lien entre le sens grammatical du verbe et le Verbe de toute la vie. Et peu à peu, je découvrais expérimentalement, au fur et à mesure que j'éprouvais la force de conviction, de diffusion du Verbe, ce qui m'apparaîtrait la première fois où je faisais la lecture du quatrième évangile, que le Verbe c'est Dieu. Non seulement il est Dieu mais il est Dieu se faisant chair.

Natif de Figeac, dans le Lot, j'étais alors à Montpellier, et près de ce qui allait devenir le couvent d'où je serais expulsé quelque soixante ans plus tard, quand je basculai définitivement dans la profession où il me semblait reconnaître le service passionné du Verbe, c'est-à-dire de Dieu.

Je faisais à l'université ma première année de lettres classiques quand je rejoignis le noviciat dominicain à Toulouse. Mais pourquoi Toulouse ? Parce que les dominicains de la province de France, Paris, dont les écrits m'avaient attiré par leur force d'avant-garde, se trouvaient alors en zone occupée. C'était la guerre. Je ne fus pas long à découvrir que la théologie de la province de Toulouse était en contradiction totale avec celle de la province de Paris, et baignait dans un climat de pensée thomiste littérale et maurrassienne, donc d'Action française. C'est bien à ce moment-là que j'ai commis l'erreur sur la « qualité de la personne » comme le dit le droit canonique sur le mariage. Je croyais que l'entrée dans les ordres, l'entrée en religion, signifiait l'entrée en Résistance. Il n'en était rien, comme j'allais le réaliser au rythme du déroulement de ma vie. Sur l'heure, se posait le problème concret, brûlant de la Résistance. Déjà, je savais que le nazisme était un mouvement tortionnaire parce qu'ennemi des hommes en humanité qu'il voulait anéantir dans la « solution finale ». J'avais peur de la torture dont je commençais à deviner qu'elle pouvait faire, qu'elle a fait d'un homme, d'une femme, une chiffe, une loque, un dénonciateur. Et le fait que beaucoup ont surmonté la souffrance intolérable ne supprime pas l'horrible de ceux qui, malgré leur courage inouï, ont succombé. Je pensais ne pas avoir ce courage-là ! Malgré ma passion, qui me faisait partie prenante des causes d'humanité perdue, je n'avais pu à cet âge-là trouver comme moyen de me réaliser que l'entrée en religion. Ce n'est qu'aujourd'hui, à mon âge avancé, que j'ai pu me forger des outils et des armes conceptuels qui me permettent d'entrer en résistance et peut-être, s'il le fallait, d'aller jusqu'au bout du courage physique.

De Toulouse, après mes premiers vœux, je rejoignis le couvent d'études à Saint-Maximin-la-Sainte-Baume, dans le Var. J'ai été ordonné prêtre le 25 mars 1947. Si j'ai choisi un ordre de frères prêcheurs, l'ordre dominicain – du moins, je le formule ainsi aujourd'hui –, c'est pour unir dans une même vie la transmission du Verbe qui est Dieu – selon le début du quatrième évangile : au principe, à la racine, il y a le Verbe et le Verbe est élan vers Dieu et Dieu c'est le Verbe – et l'aventure de la pensée. J'enseignai pendant deux ans la théodicée ou recherche de Dieu par des voies rationnelles, ainsi que ce que l'on appelait alors le traité de la Révélation – matières dont je réalise maintenant qu'elles étaient en dehors de toute réalité, de toute vie. Aurais-je pu d'ailleurs enseigner autre chose que les leçons reçues de mes professeurs ? Puis je fus assigné au couvent de Marseille où mes frères dominicains de l'époque m'ont ensuite élu prieur. Ma première prise de parole en milieu non clérical fut dans un cinéma de Marseille et en faveur des Rosenberg, ce couple de juifs américains accusé d'espionnage au bénéfice de l'Union soviétique et condamné à la chaise électrique.

J'avais trente ans quand éclata un premier scandale. J'avais découvert le problème immense des prêtres ouvriers dont l'action fut froidement brisée par le pape Pie XII, lequel n'a jamais lui-même ressenti l'anomalie évangélique que constituait l'existence des prêtres diplomates et financiers. Sans oublier les pontifes guerriers comme Jules II. Par de multiples interventions publiques, j'avais pour ma part choisi le camp des prêtres ouvriers, inséparable d'un comportement politique solidaire des exclus contre les nantis. Les mêmes frères qui m'avaient élu prieur me poussèrent, dans la foulée de la visite d'un maître général espagnol notoirement franquiste, à donner ma démission. Ce maître général venait de démettre autoritairement de leur charge, sans respect pour et contre les constitutions de l'ordre, les trois provinciaux dominicains français (Paris, Lyon, Toulouse) et de couvrir la mise à l'écart par le Saint-Office, héritier de l'Inquisition, de nos théologiens de l'époque (Chenu, Congar et Ferret) eux-mêmes parties prenantes des grandes causes d'émancipation de notre temps.

Il s'ensuivit une époque d'errance comparable à celle d'aujourd'hui. Aucun de mes supérieurs ne s'occupait de moi, seule ma mère était à mes côtés. Je fis un bref séjour au sein de l'équipe dominicaine d'Économie et Humanisme, dirigée par le père Lebret. J'écrivis dans leur revue, un article intitulé « Pour une société sans classe ». Quelque temps après, je fus convoqué à Rome par le maître général de mon ordre, qui n'était plus

Emmanuel Suarès venu opérer une purge chez les dominicains français, mais un Irlandais, le père Brown, ami personnel du cardinal Ottaviani, préfet de la congrégation du Saint-Office, héritière de la sainte Inquisition. Je ne connaissais pas le motif de ma convocation et ce fut plus tard qu'il m'apparut évident qu'il ne fallait surtout pas me le dire. Je revois la scène. D'une taille de géant, dans sa cellule du beau couvent de Santa Sabina, mon supérieur général me toisa avec sévérité pour me dire : « Vous avez sapé les bases de la Saint-Siège (en latin Saint-Siège est au féminin). » Je me suis vu tout à coup sciant les barreaux du vénérable siège pontifical. Il poursuivit : « Vous avez écrit un article d'une inspiration marxiste. » Je répondis : « Révérendissime Père, vous faites peut-être allusion à mon article pour une société sans classe. – Oui. – Puis-je vous demander si vous l'avez lu ? » Je reçus alors la réponse ahurissante : « Non, on m'en a donné des extraits. » Et sans transition, mon interlocuteur continua : « Il faut être très très attentif à tout ce qui sort de la bouche de la Saint-Siège. » C'est en toute docilité qu'à mon retour, j'ai décidé de lire dans les actes de « la » Saint-Siège, les innombrables discours du pape Pie XII. Quelques mois plus tard, un dominicain hollandais, adjoint au maître général, déclara pour me défendre que j'avais vraisemblablement choisi l'expression « société sans classe » dans la perspective d'une pensée libérale non américaine. On voit dans quel imbroglio doctrinal nous étions alors.

Finalement, j'arrivai après quelques pérégrinations au couvent de Montpellier, en 1958. Là, second scandale : ma prédication où, parmi les signes de la barbarie contemporaine, je stigmatisai la pratique de la torture en Algérie par l'armée française. C'était à l'intérieur d'une prédication sur l'exigence du changement de vie, de la conversion ; je soulignais la contradiction interne de l'Église entre son comportement et son enseignement : « À force de ne plus vivre comme on pense, on finit par penser comme on vit. » Je citai le mutisme de l'Église et de l'État sur la torture. L'évêque de Montpellier et une grande partie des catholiques montpelliérains me reprochèrent, sans jamais me le dire ouvertement, de faire des vagues. Le soupçon continuait à s'épaissir autour de moi. Alors, en 1959, un jeune dominicain, que j'avais reçu à Marseille quand j'y étais prieur, m'invita à le rejoindre au Brésil. Je mis à profit ma traversée de quinze jours en bateau pour apprendre le portugais. À Sao Paulo, je donnai à nouveau, en français, des cours de théologie sur la Révélation à mes jeunes frères dominicains brésiliens. Mais cette fois dans une perspective complètement différente. Je m'inspirais directement du grand théologien protestant Karl Barth qui fut, sous le nazisme, l'animateur de la résistance spirituelle à Hitler. Un mot de lui renforçait chez moi une pensée de rupture avec toute la scolarité dominicaine : « La théologie, c'est l'acte par lequel l'Église rend raison de sa prédication. » Si l'on songe à la parole de l'apôtre Paul : « Il a plu à Dieu de sauver les hommes par la folie de la prédication », on voit que la tâche redoutable de la théologie, c'est de développer, en un discours cohérent, persuasif, convaincant, sans pour autant faire la moindre concession au raisonnable, au rationnel, à la raison, ce qu'a de fou le Verbe, la Parole. Donc, nous sommes tenus à l'impossible : rendre raison de ce qui transgresse la raison. Ou encore, d'annoncer à tous notre raison commune de vivre qui transgresse la raison. Nous trouvons la même exigence chez Pascal dans son mot immortel : « Le cœur a ses raisons que la raison ne connaît pas. » La raison de vivre ne peut être que la raison du cœur, c'est-à-dire une folie ! Et nous rejoignons la clameur de l'apôtre Paul : « Dieu a frappé de folie la sagesse du monde. »

J'étais plus que jamais profondément scandalisé par la complicité d'une prédication de sermons inconsistants avec une théologie de spécialistes, d'experts. Je prenais conscience de la nécessité d'un fil conducteur : peupler toute prédication d'un retournement total de la pensée en même temps que de la vie ; faire de toute prédication l'aventure de la pensée d'où jaillit une pratique de transformation du monde.

Ma première intervention, en portugais, et hors église, eut lieu à la *Casa de detençao das mulheres,* la prison des femmes de Sao Paulo. Ma langue brésilienne n'en était encore qu'à ses débuts. À ces prisonnières rassemblées dans l'église de la prison, j'ai dit « Pardonnez-moi si je ne connais pas bien votre langue, mais je connais une langue universelle, la langue d'absolument tout le monde, la langue du cœur. » *A lingua do coraçao*, en portugais. Aussitôt, toutes se levèrent pour dire : « *Muitas obrigadas* », « mille mercis ». Je n'ai jamais oublié ce moment. Je restai en tout treize mois parmi ce peuple que j'aimais, poursuivant mes engagements aux côtés des exclus, notamment des travailleurs de Belo Horizonte qui menaient une grève pour protester contre un retard illimité de leurs salaires. Peuple brésilien, tu m'as appris la vanité de la nuance, des passages graduels, des vies où tout s'améliorerait en douceur, dans la conciliation, les vertus de l'équidistance, sans mutation brusque. Peuple brésilien, tu m'as montré qu'il n'existe de vérité que du brassage, de la confusion, du mélange des genres et de tous les vivants. Autrement dit, Dieu, l'utopie absolue, l'anarchie créatrice, l'impossible en chair et en os : la folie !

Mais les autorités dominicaines du Brésil mirent fin à l'utopie qui commençait à prendre corps et me firent regagner la France pour les mêmes raisons qui m'avaient fait la quitter : j'étais par trop destiné à faire toujours et partout des vagues…

Je revins dans mon couvent de Montpellier en 1960 où de nouvelles vagues et les mêmes blocages m'attendaient. Georges Montaron, le directeur de *Témoignage chrétien*, journal auquel je collaborais depuis de nombreuses années, me demanda de prêcher un nouveau type de carême, non pas à Notre-Dame, mais dans la salle des meetings de Paris, à la Mutualité. Le hasard ou mon destin fit que ma première prédication d'un cycle de trois conférences intitulé « Évangile et Révolution » eut lieu le 22 mars, jour où se déclencha à Nanterre l'inaugural mouvement du 22 mars. Dans cette première conférence, je me référais au prophète Isaïe : « Vous croyez qu'il me plaît, votre jeûne de pénitence, où vous vous pliez en deux ? Dieu dit: Moi, je vais vous désigner le jeûne qui me plaît : Brisez les chaînes injustes, renvoyez libres les opprimés, partagez votre pain avec tous les affamés, habillez ceux qui sont nus. » Fort de cette parole, je m'écriai : « Mais où sont-elles les chaînes que nous brisons comme signe actuel du jeûne qui plaît à Dieu ? Où sont-ils les opprimés que nous renvoyons libres ? Où est-il le pain que nous partageons avec les affamés ? Alors, je pèse mes termes : une grève générale qui paralyserait les mécanismes d'une société injuste, le voilà le vrai carême ! Le voilà le jeûne qui plaît à Dieu ! »

Le nouvel archevêque de Paris, Mgr Marty, allait m'écrire quelques semaines plus tard qu'en raison de mes conférences « qui avaient étonné et surpris », il m'interdisait à l'avenir de prêcher sur le territoire de son diocèse. Je lui répondis : « Que diriez-vous de l'annonce d'une bonne nouvelle qui n'étonnerait ni ne surprendrait personne ? » Je me dois de dire qu'il revint sur sa décision plus tard, à l'opposé du prieur provincial de Toulouse qui m'adressa le précepte formel, « en vertu de la sainte obéissance », de ne plus publier dans la presse ; de n'accepter aucune prédication ou conférence qu'avec l'autorisation explicite préalable de l'évêque du lieu.

Ma parole, néanmoins, appuyée fortement par d'autres frères inoubliables qui s'appelaient comme notre commune revue *Frères du monde*, animée par des franciscains, continua à passer allègrement à travers les interdits. Ces années-là me virent, aux côtés de Jean-Paul Sartre, à la XVIIe chambre correctionnelle de Paris, comme témoin de *La Cause du peuple*, organe de la gauche prolétarienne menacé d'arrêt de publication et dont deux directeurs étaient alors emprisonnés. Je témoignai encore, à Nancy et à la demande de maître Gisèle Halimi, en faveur d'une femme ayant pratiqué l'avortement. Je dis qu'à force de proclamer que le fœtus est déjà une personne, on en oublie que les hommes et les femmes vivants sont aussi et même davantage des personnes et qu'il est au moins d'une même gravité de les faire avorter de toute l'ampleur de leur vie réelle. « Il ne faudrait pas obliger des femmes, des mères, d'avoir à choisir entre avorter au départ et le risque de fabriquer des avortons, plus tard. »

Je fis aussi paraître *Dieu est mort en Jésus-Christ*. C'était le résultat de trois journées de conférences données sur la confrontation de la foi avec leur vie, à des élèves de classes terminales du lycée Louis-Barthou, de Pau, qui avaient pour aumônier mon ami l'abbé Dassibat. A ma grande surprise, ils m'avaient écrit pour savoir si j'acceptais d'en faire un livre avec pour titre global *Dieu est mort en Jésus-Christ*. C'est le seul ouvrage publié qui a été parlé d'abord sans que j'aie eu besoin d'en corriger même les épreuves. La Parole à l'état purement jaillissant. Dans cet ouvrage, j'explique que le Dieu tout-puissant, maître absolu sans qui rien n'arrive, sinon sous ses ordres ou avec sa permission, ce Dieu est mort. C'est la Parole donnée à tous, la Parole incarnée, c'est-à-dire le vrai Dieu, qui tue le faux Dieu, la plus terrible de toutes les idoles. Car il est impossible d'incarner à la fois la Parole libératrice et le pouvoir tout-puissant. Alors, un communiqué des évêques français parut, intitulé : « Dieu est toujours vivant dans le Christ ressuscité ». Et un évêque m'a dit : « Avez-vous remarqué que notre communiqué vous visait ? » Alors s'engagea un débat capital qui est au cœur de ma vie. Car je rétorquai : « Attention ! Ce n'est pas seulement le faux Dieu qui est mort en Jésus-Christ, c'est aussi le vrai ! » Et mon interlocuteur épiscopal de s'écrier, en levant les bras au ciel : « Ça recommence ! » Et moi, de poursuivre : « Mais, Monseigneur, ce n'est tout de même pas à moi de vous apprendre que, pour ressusciter, il faut mourir et ne pas faire semblant. « Dieu est mort en Jésus-Christ » signifie à la fois la mort du vrai Dieu, car il meurt dans le Chris pour ressusciter avec lui, et du faux Dieu mais ce n'est pas du tout la même mort : le faux Dieu est mort parce que le vrai Dieu en Jésus-Christ a révélé qu'il n'avait eu d'existence que dans l'esprit des puissants qui l'ont fabriqué pour les besoins de leur cause ; et la preuve que donne Jésus du vrai nom du faux Dieu, c'est la manière dont il le désigne : le prince de *ce monde*, c'est-à-dire le diable ! Toute la supercherie repose sur cette confusion : le dieu tout-puissant, maître de toute chose, ce n'était et ce n'est toujours que Satan. Depuis des siècles avant et après Jésus-Christ, on veut nous faire prendre le diable pour Dieu. Jésus-Christ n'a pas suffi à produire le grand renversement, puisqu'on l'a reconstitué en fils du grand patron, résurrection non pas du Verbe, mais du prince, de l'empereur des chrétiens ! »

Puis parut *J'ai épousé la Parole*. Mon premier livre d'écrivain, tous les autres étant jusqu'ici la transcription de ma parole. Jean Sullivan, en préfaçant l'ouvrage, fit cette mise au point face à mes détracteurs : « J'ai su dans l'instant que Cardonnel était beaucoup plus dangereux. C'était écrit dans son regard et dans sa voix. » Il ajouta : « Il était désormais considéré comme un rebelle, maoïste, anarchiste, intraitable. On l'expulsait, on le convoquait, on n'avait pas prise sur lui. »

En 1969, j'avais été appelé par le poète Alain Loraine, à l'île de la Réunion où je n'ai cessé depuis cette année-là de faire de nombreux séjours. J'allais y rencontrer l'homme politique Paul Vergès, débattre aux côtés des dockers de la Ville du Port, et trouver dans cette île une nouvelle famille à laquelle je donnais ce nom si révélateur, la « réunion des peuples d'humanité ». J'y étais d'autant plus sensible, comme au Brésil, qu'à Montpellier, dans mon couvent, depuis quelques années, je vivais une communion sacramentelle sans communauté de pensée et de travail. Je voyais apparaître, venant de Toulouse, une nouvelle « mouture » dominicaine caractérisée par une spiritualité d'occupants. Ils ne venaient pas participer à une tâche globale de prédication mais appliquer une politique d'occupation, c'est-à-dire une conception successorale, et non conviviale, de la vie du frère prêcheur. La génération du concile Vatican II et de Mai 68 avait fait son temps, l'heure était venue de la Restauration. Je n'étais pas le seul à le constater puisqu'une éclaircie s'était produite dans l'histoire sombre de notre ordre : l'accession à la fonction de maître général, d'un jeune anglais plein d'humour, Timothy Radcliff. Il écrivit dans sa première lettre à l'ordre dominicain : « J'ai parcouru toutes les provinces de notre ordre, j'ai rencontré partout le silence, non pas des contemplatifs, mais de la peur du débat. » Eh bien, mon frère Timothy, à la fin de ton généralat, la situation est rigoureusement la même qu'au début. Une nappe de silence, et même de mutisme, de non-dit, reste et s'étend sur l'ordre de saint Dominique. Dominicain signifie en étymologie facile, *dominī canis*, « chien du Seigneur », et la pire injure que l'on puisse adresser à un « chien du Seigneur », c'est de l'accuser d'être un « chien muet » – expression classique dans les textes de notre ordre.

Cette fracture n'allait pas cesser de se creuser jusqu'à trouver son expression parfaite dans la bouche d'une chrétienne de la Réunion : « Jean, entre la Parole et l'Église, il y a un décalage. »

C'est bien la conscience de ce décalage qui me fit devenir partie prenante d'un mouvement tout naissant, « Échange et Dialogue ». Pour la première fois, prenait corps un syndicalisme de prêtres, animé de la volonté de sortir de la gangue cléricale. Trois revendications : le choix d'un métier pour signifier que le sacerdoce n'en est pas un ; le libre choix entre célibat et mariage ; le droit à l'engagement politique, notamment aux côtés des exclus, tout à fait dans la ligne des prêtres ouvriers.

Dans la même foulée, je continuai à sillonner le monde, la Yougoslavie. J'y ai découvert que les religions chrétienne catholique, chrétienne orthodoxe, musulmane, suivaient, plagiaient les nations majoritairement, presque unanimement. Si vous êtes Serbe, presque inéluctablement, vous êtes orthodoxe. Si vous êtes Croate, vous êtes catholique. Par contre, exceptionnellement, à la différence de tant d'autres pays, c'est peut-être l'islam qui là-bas m'apparut la religion la plus affranchie du cadre national. Je suis allé, aussi, avec deux amis, au Cambodge. J'y ai rencontré l'un des dirigeants du mouvement des Khmers rouges, mouvement qui s'appelait officiellement le Kamputchéa démocratique. Le dirigeant avec lequel j'ai discuté, c'était non pas Pol Pot mais Khieu Sam Phan. Après son exposé, qui décrivait deux phases dans l'évolution de leur lutte contre le Vietnam, je lui ai posé la grande question : « Dois-je comprendre, d'après ce que vous venez de nous décrire, que vous auriez renoncé, pour mieux faire corps avec votre peuple, à la politique dite des Khmers rouges, coupable d'un très grand nombre d'atrocités ? » Il me répondit : « Ce que vous appelez, mon père, un très grand nombre d'atrocités n'était dû qu'à l'infiltration dans nos rangs d'agents et d'espions vietnamiens. » À mon tour de répliquer : « Votre réponse ne me satisfait pas. » Dès lors, me devenait évidente la vérité. Je me trouvais en présence d'un phénomène que je ne soupçonnais pas : des intellectuels, tous formés en France, devenus idéologiquement et pratiquement des tueurs. Et pour moi, l'énigme demeure. Elle persiste d'autant plus que sa découverte avait été précédée d'un spectacle auquel j'avais été entraîné sans savoir de quelle nature il était : la bataille mythologique du cobra et de la mangouste. D'habitude, à cause de sa souplesse, la mangouste l'emportait. Mais pas celle-là, car elle fut glacée de peur dès qu'elle sentit le cobra. Elle ne lutterait pas, donc il fallut interrompre le spectacle à mon grand soulagement. La Chine, enfin, dont je m'enthousiasmai à cause de sa grande politique d'alors de réductions des écarts, entre la ville et la campagne, les travailleurs manuels et les travailleurs intellectuels. J'ai mis un certain temps à découvrir que toutes ces grandes aspirations, et la révolution elle-même, allaient être récupérées par l'optique du pouvoir jusqu'à déboucher sur un phénomène imprévisible, un communisme capitaliste.

À Montpellier, je voulais donner publiquement, comme frère prêcheur, un exemple de fidélité au Verbe en jouant le rôle du frère dominicain Bartolomé de Las Casas, lors d'une conférence dans l'église du couvent. On se rappelle que Las Casas, après la découverte du Nouveau Monde par Christophe Colomb, dénonça le génocide chrétien des Indiens. Je proclamais, je faisais miennes les paroles de mon frère Bartolomé à l'adresse du légat pontifical, c'est-à-dire l'ambassadeur du pape aux Amériques : « Éminence, notre Seigneur Jésus-Christ nous a dit qu'il était la vérité et la vie. Je vais vous dire la vérité sur ceux auquel nous arrachons la vie. Depuis la découverte du Nouveau Monde, près de douze millions d'âmes ont été massacrées par la tyrannie et les œuvres infernales des chrétiens… » Notre frère n'a pas parlé des Espagnols, des Portugais, il a bien dit les chrétiens. Et pourquoi ont-ils massacré ? Par amour de l'or ! Par désir de l'or ! Au point que l'on pouvait se demander ce qu'ils en faisaient : à croire qu'ils le mangeaient.

À ce moment-là, ayant sous les yeux, inséparable des Indiens massacrés, l'image en très grand que j'avais découverte, à l'île de la Réunion, d'un noir pendu par une côte parce qu'il avait fui l'esclavage, je me suis étendu de tout mon long, mon front sur le sol, dans le geste traditionnel de notre ordre que l'on appelle « la Venia », « la demande de pardon » adressé, pour les crimes des chrétiens, à ce nègre de Dieu, Dieu lui-même comme son Verbe. J'ai compris ce jour-là pour toujours qu'il était possible d'aimer de tout son esprit et de tout son cœur quelqu'un que l'on n'avait jamais vu de ses yeux de chair.

Mes « frères » en boutique dominicaine se sont gaussés de mon acte, l'un d'eux allant jusqu'à me dire : « Tu n'as même pas été capable de te relever tout seul, il a fallu que tes amis t'aident. »

J'ai toujours été un chercheur passionné de la mise en débat d'absolument toutes les grandes questions et j'ai pu vérifier expérimentalement qu'à ma demande d'un grand débat sur notre vocation de frères prêcheurs, la signification prophétique de nos vœux de pauvreté, de chasteté, j'aime mieux dire : d'adhésion à la parole incarnée que d'obéissance, il ne m'a été répondu que par un diktat, un silence de mort. C'est pour fuir ce désert de la Parole mutuelle et fraternelle qu'à de multiples reprises, j'aime m'envoler vers l'île de la Réunion d'où il m'est arrivé d'écrire à l'un de mes supérieurs : « Je me tire de la tombe par réflexe de ressuscité. »

C'est là-bas que j'appris le coup de force de la part de ceux qu'un Bernanos appelait « les charmants petits mufles de la jeune génération réaliste ». J'étais loin d'imaginer que l'on puisse aller jusqu'à ce que mes contradicteurs précédents n'auraient pu même concevoir. Aussi quand j'allais lire, dans la presse, la déclaration suivante de mon prieur : « Jean nous avait déjà dit son intention de partir. Puis les choses ont traîné. Comme il ne nous dit jamais quand il revient… » Objection, votre honneur ! Vous mentez d'une manière effrontée. Je n'avais pas annoncé mon intention de « partir », de me retirer, de vous « abandonner » le couvent, surtout à vous. Je vous avais par contre fait savoir par lettre mon retour à la date du 17 septembre et demandé de ne toucher à rien d'ici ce jour-là où je devais, après mûre réflexion, envisager ou non la possibilité, l'opportunité de signer ou non le texte faisant foi de mon statut d'*extra conventum*, vivant hors couvent, mais, selon la parole du prieur provincial, il était admis, si ce statut devait être appliqué, que l'on maintenait mon assignation au couvent de Montpellier, du moins dans un premier temps.

Mes frères dominicains réunionnais m'avaient en effet rappelé un point capital : mon nouveau statut ne pouvait entrer en vigueur qu'après, uniquement après, que ma signature personnelle ainsi que celles, et de mon prieur local de Montpellier et du supérieur de la province de Toulouse, furent apposées sur ce document établissant ma nouvelle modalité dominicaine. À ce jour, deux ans plus tard, aucune signature n'existe. Donc, la prétendue nécessité de prendre les devants par la brutale sortie de mes affaires tombe d'elle-même. Il manquait et manque toujours cet acte d'accord écrit entre nous. Cette opération pirate s'inscrit à l'intérieur d'un comportement inqualifiable, impensable autrefois. Comment voulez-vous que je dise la moindre chose à celui qui couvre de son autorité de prieur l'attitude adoptée par son clan, avec mise en quarantaine depuis déjà des mois ? Car on ne me parlait plus, on me battait froid, on me faisait la gueule. Comme me l'ont dit admirablement des amis : « Si vous êtes innocent du visage que vous avez, vous êtes responsable de la gueule que vous faites ! » Fallait voir leurs gueules !

Et quand mes amis montpelliérains, sur place, s'alarmèrent de la brutalité du procédé : prieur et sous-prieur ont osé répondre qu'ils avaient tout réglé quant à ma destination !

Mais revenons à mes affaires… Mes « frères » montpelliérains avaient imaginé que le foyer des sœurs de l'Ange gardien, à Quillan, dans l'Aude, où j'avais prêché deux retraites, accepterait de recevoir mes affaires. Il n'en fut rien. Sœur Denise eut cette réplique : « Je ne ferai rien dans le dos de Jean. Un voyou, un vaurien a droit au respect. À plus forte raison, un frère ! » Ayant eu surtout des faux frères, la joie m'était donnée de me trouver enfin de vraies sœurs…

Les cartons, les sacs poubelles devaient néanmoins continuer leur voyage. J'étais revenu de la Réunion le 17 septembre comme prévu. Mais où aller puisque, comme j'allais l'apprendre de ma secrétaire, ma fratrie m'avait signifié, par ailleurs, l'interdiction de remettre les pieds au couvent sinon cela risquerait de finir dans le sang ? Je décidai de me rendre quelques jours chez mes vraies sœurs puis, de Quillan, chez mon ami Baudile, responsable du Cory, près de Limoux, toujours dans l'Aude. Le Cory est un lieu de vie accueillant des enfants et adolescents rangés dans la catégorie des « autistes ». Je m'étais lié d'amitié avec quelques-uns de ces jeunes gens dont l'une me posa un jour la question la plus bouleversante de ma vie : « Jean Cardonnel, comment il a fait Dieu pour exister ? »

Là, quelle ne fut pas ma surprise de voir un matin un gros camion de déménagement apporter mes affaires, de plus en plus nomades. Elles débarquaient, accompagnées d'un de mes « frères », le responsable culturel du couvent. Le Cory, choisi en dernier ressort par mes amis devant les menaces de déposer mes affaires dans une « cave mouillée » du couvent. Comme le regard de mon « frère » fuyait, je lui dis : « Ton geste n'est pas d'une élégance parfaite. »

C'est ce personnage encore qui déclarait à la presse : « Jean avait un statut un peu privilégié de star. » Les journaux précisèrent que l'auteur de cette déclaration tranchante était « un pensionnaire du couvent ». Vous avez bien lu : « pensionnaire » et non « dominicain, frère prêcheur ». Sans le savoir, les journaux ont très bien parlé. Désormais, c'est le pensionnat qui a pris le pouvoir sur le couvent et, plus profondément, sur le frère prêcheur. Quant à dire que j'ai un « statut de star », j'éclate de rire. Parce qu'il suffit de connaître un peu Jean Cardonnel pour voir qu'il n'a jamais eu qu'un seul statut : le statut du suspect d'excès, d'outrances du Verbe. Et quant à la star que je serais, comment ne pas penser à la pire injure adressée au Verbe Jésus : Jésus Super Star ?

Pendant les semaines qui suivirent, je dus errer, plus encore que mes affaires, de maison d'ami en maison d'ami. Mes proches réagirent auprès du supérieur provincial qui leur répondit qu'il désirait me voir mais… dans un lieu neutre ! Qui… ne pouvait être le couvent, regardé par conséquent comme un théâtre d'hostilité. C'est donc chez mon ami Jean-Théophile qu'eut lieu l'entrevue. Ce jour-là, j'eus droit à ce commentaire de mon supérieur provincial : « C'est un incident regrettable… » Je l'interrompis : « Non, inqualifiable ! » Et depuis lors, il n'a jamais pu être qualifié.

Chassé par la religion, je suis désormais logé et nourri par la République qui m'a offert une chambre dans une maison de retraite. Je n'en demeure pas moins depuis deux ans dans un état de stupeur. Comment des « frères » du même ordre de frères prêcheurs que moi, ayant fait vœu de tendre à la perfection évangélique, ont-ils pu commettre, vis-à-vis d'un des leurs, une telle violation de ses droits, en l'occurrence pour moi une violation de domicile ? Mais je tiens à préciser que si j'ai, après mûre réflexion, décidé d'aller en justice, c'est parce qu'au-delà du motif juridique précis de la violation de domicile, l'enjeu est considérable. Car là où je croyais trouver, plus qu'ailleurs, des rapports fraternels, d'égal à égal, je ne trouvais comme presque partout dans le monde, que des rapports de pouvoir arbitraires, de supérieur à inférieur. Je découvrais tout à coup ce que jusque-là je ne faisais que pressentir : mes « frères » et moi, nous n'avons pas le même Dieu ! Mais peut-être est-ce cela qu'a voulu dire à sa manière mon prieur en lâchant à la presse : « L'ère Cardonnel est révolue ! » J'en suis d'accord mais à condition que cela ne signifie pas que l'ère des malotrus soit la bienvenue au moment même où le Verbe nu est jeté à la rue !

Ma force et ma faiblesse conjuguées, c'est de me trouver à la croisée des chemins. Là où surgit l'unique question cruciale. Et la question cruciale, ça veut dire la question en croix. Le lien est évident entre la question cruciale et la parole dont nous expérimentons tous les jours que le pouvoir la déteste logiquement. Parce qu'ils ne pouvaient plus supporter chez moi le Verbe en verve, ennemi radical du pouvoir, mes « frères » m'ont jeté à la rue *manu militari*. Comme sous le pontife romain Alexandre VI Borgia, mon frère dominicain Jérôme Savonarole a été brûlé vif pour avoir maudit les richesses, prêché prophétiquement, nul doute qu'à la même époque j'aurais connu le même sort.

Aussi, sans préjuger de la suite plus frontale qui sera donnée à l'exigence de justice, je demande un débat public avec ma fratrie dominicaine sur les vraies raisons de mon expulsion. Mon unique pièce à conviction, la preuve irréfutable du Verbe avec lequel je fais corps en défi permanent au pouvoir, à l'idée même, à la notion du pouvoir exercé ou subi, c'est : qui est Dieu ? Ou, si le mot Dieu paraît encore trop religieux, quel est le sens de la vie, du monde, de l'histoire : la Parole ou le pouvoir ?

Celui, celle qui lira ce livre ne pourra en faire la lecture créatrice qu'à la lumière d'un grand souvenir d'avenir : l'aventure, faussement dite, de la multiplication des pains. Les cinq pains et les deux poissons de l'Évangile auxquels j'aime ajouter la gourde d'eau de limpidité transformée en vin de l'enthousiasme n'ont pas été multipliés mais mis en commun. Car l'événement est raconté pour montrer qu'il n'est si petite chose au monde qui ne soit faite pour être partagée. Puis, la deuxième vérité inséparable de celle-ci : quand la foule émerveillée crie « Jésus au pouvoir ! », l'acclamé roi refuse et disparaît parce qu'aussi vrai qu'il n'est si petite chose au monde qui ne puisse être partagée, il n'existe qu'une seule réalité qui ne se partage jamais, jamais, c'est le pouvoir. Il n'y a pas plus de bon pouvoir que de bon riche. D'ailleurs, quelques minutes avant, les disciples se faisant les interprètes du bon sens avaient dit à Jésus le Verbe, la Parole : « Il se fait tard et l'endroit est désert, disperse la foule pour qu'ils aillent les uns et les autres s'acheter de quoi manger. » Jésus, le Verbe, la Parole, leur répond : les disperser ? Mettre fin au rassemblement qui est leur force ? Pas question ! Surtout pour acheter des vivres chacun pour soi. Donner leur vous-mêmes à manger ! Cette histoire est d'une netteté absolue, sans aucune précaution diplomatique. Le Verbe Jésus, la Parole faite chair, est radicalement contre l'économie de marché. Pour l'économie, la politique du don mutuel absolu. Il est venu fonder le service gratuit de la parole d'amour fraternel, mutuel, universel.

Il n'y a là rien de religieux, de confessionnel, de réservé à l'Église chrétienne ou catholique, ni de quelque religion que ce soit. Décidément, le grand problème demeure et devient chaque fois davantage : qui est Dieu ? Ou bien, si le mot paraît encore trop chargé de religion : quel est le vrai sens du monde, le partage ou le pouvoir ? Et comme le pouvoir a pour signe, pour symbole, partout reconnu, le droit de battre monnaie, il s'exprime dans et par l'argent. C'est donc en logique rigoureuse que le Verbe, la Parole anti-pouvoir résume le tout dans la formule lapidaire : nul ne peut servir deux maîtres, Dieu et l'argent.

Faute d'avoir présente à l'esprit, en permanence, cette alternative, le lecteur de notre ouvrage n'y verrait qu'une histoire interne d'Église alors qu'il s'agit de la question essentielle pour tout le monde : ce qui arrive à n'importe quel groupe humain quand il se détourne de l'amour fraternel universel, ou, dans le langage laïc, de la liberté, de l'égalité, de la fraternité.

De deux choses l'une : ou l'on se met soi-même en question ou l'on met tous les autres à la question. Et mettre tous les autres à la question, c'est l'Inquisition. Bertolt Brecht nous dit : « Il est toujours fécond le ventre d'où est sortie la bête immonde. » J'actualiserai pour ma part la formule : « Il est toujours fécond le ventre inquisitorial d'où sort la bête immonde. »

POUR ACHEVER LEUR FRÈRE JEAN,

MES FAUX FRÈRES ONT CHOISI L'HEURE OÙ

MOURAIT SON FRÈRE JACQUES.

II

MON VRAI FRÈRE DÉMASQUE MES FAUX FRÈRES

Je mesure désormais tout ce qui m'arrive au monde à la lumière pascale de mon frère Jacques, mort en ressuscité. Dix-neuf mois seulement nous séparaient. Il venait d'atteindre ses quatre-vingts ans et me rejoignait dans l'ordre plus informel que le dominicain, l'ordre du jeune octogénariat. C'est à ce moment-là qu'il fut connu qu'une tumeur au cerveau l'entraînait vers la fin de cette vie qui n'avait pas de quoi être la vie. Quand je suis arrivé près de lui à l'hôpital de Beaucaire pour ne plus le quitter, comme je n'avais pas quitté notre mère, il ouvrit tout grands ses très grands yeux qui me regardent au-delà de la mort et à moi lui disant : « Jacques, c'est Jean, ton frère », il répondit : « Je n'en ai jamais eu d'autres. » Un lien très fort tissé d'une conviction indéracinable nous unissait : nous n'avons jamais eu d'Œdipe à tuer ni de Jocaste maternelle à épouser. Pour la simple raison que voici : ils n'ont pas fait l'amour, Élie et Yvonne Cardonnel, ils ont fait une seule chair d'où nous sommes nés, mon frère Jacques et moi Jean. Bibliquement, nous étions très vite conscients, tous les deux, de l'insuffisance du duo que nous formions. Ceci dans la ligne de notre grand Victor Hugo, qui écrivait dans son *Quatre-vingt-treize* : « Jamais deux, seul ou mille. » Après la naissance de Jacques, je disais, suppliant notre mère : « Maman, achète-moi une petite sœur. »

Sorti des études secondaires et après un peu de temps passé à la préparation de l'École coloniale, Jacques me rejoignit dans l'ordre dominicain – nous serions mille ! Hélas, ainsi que moi, il allait être traité comme un pion sur l'échiquier de la province toulousaine. On nous a tous les deux assignés à des boutiques conventuelles sans jamais nous charger d'une mission fraternelle universelle. La tradition n'a pas changé.

À la différence de son aîné qui, répondant vite aux appels extérieurs, parcourait une partie du monde, Jacques s'enracinait, creusant profondément d'ardeur apostolique le gros village de Saint-Maximin où nous subîmes à quelques années d'intervalle la même scolarité infantile dominicaine cuirassée, bétonnée d'Être arbitraire. Donc, pendant que je devenais toujours plus le juif errant et le frère mendiant son pain avec son vin, Jacques se donnait au point d'en mourir et revivre au petit peuple de Saint-Maximin-la-Sainte-Baume. Du don total de sa vie à une partie bien présente et vivante du Peuple de Dieu, je reste avec beaucoup d'autres le témoin émerveillé.

Mais il faut que je dise enfin comment mon frère Jacques a été blessé à mort par le maître général de l'époque, un Espagnol franquiste, Emmanuel Suarès. En 1954, quand j'étais jeune prieur dominicain de Marseille, il reçut mon frère Jacques qui lui dit alors : « Révérendissime Père, nous ne menons pas une vie suffisamment évangélique. » Alors, s'étranglant de fureur et jetant rageusement son stylo au milieu de la pièce, ledit révérendissime hidalgo s'écria : « Évangéliqué, qu'est-ce que ça veut dire ? Tous ceux qui le disaient ont quitté l'ordre. » Mon frère se le tint pour dit. Il quitta l'ordre dont le chef suprême s'avouait inculte, ignorant, méprisant, analphabète de l'Évangile de Jésus-Christ. Emmanuel Suarès avait déjà sévi violemment, comme je l'ai dit plus haut, contre les trois provinces dominicaines françaises. Ce « pauvre » maître allait mourir dans un accident sur la route de Perpignan, au volant de sa voiture qu'on trouva remplie d'innombrables devises. Le frère que Suarès avait nommé provincial à Toulouse, au terme de sa cascade de limogeages, devait, lui, rester célèbre dans nos annales pour cet incroyable lapsus. Sa langue tonitruante allait fourcher pour dire, dans un prêche, au lieu de « Notre Dame des Sept Douleurs », « Notre Dame des Sept Dollars »… Cela ne s'invente pas !

Trois ans après avoir quitté l'Église, Jacques devait se marier civilement, mais sans que cela n'eût jamais été la raison première de son départ des dominicains, même s'il n'avait cessé de déplorer le manque d'amour fraternel dans nos rangs. Quelqu'un a dit, en termes extraordinaires, ce manque et ce besoin d'amour. C'était le père Brückberger, dominicain de ma province toulousaine avec qui j'ai croisé jadis le fer politico-théologiquement. Mais une estime mutuelle nous unissait. « Brück » n'a jamais caché, il a même déclaré publiquement sa liaison d'amour. Voici ce qu'il en dit dans son très beau livre, *A l'heure où les ombres s'allongent* (Albin Michel, 1989) : « Cela faisait dix ans que, dans ma province, je n'étais même plus vu comme un absent, mais traité comme si je n'existais plus. Peut-être – je ne dis pas sûrement –, si je m'étais senti aimé et donc soutenu, n'y eût-il jamais eu de Barbara dans ma vie ? Cette question me restera à jamais fichée dans le cœur sans que je puisse y répondre. La crise de l'impératif de la chasteté dans l'Église au cours des années soixante, les désertions qui s'ensuivirent, qui ébranlèrent si fortement l'Église latine, a été, est encore une crise de la charité fraternelle : nombre de prêtres, tout comme moi, se sont sentis mal aimés et en premier par les leurs, par leurs évêques comme par les autres prêtres… » Quelle terrible condamnation ! Ce texte, même sans Barbara – et il n'y a pas chez moi un quelconque sentiment de supériorité –, je le signe des deux mains avec l'autorisation de « Brück », parti pour la vie éternelle. Comme des milliers de prêtres d'Europe, d'Asie, d'Afrique, d'Amérique du Nord et du Sud, comme « Brück », comme mon frère Jacques, je ne me suis jamais senti aimé de mes supérieurs – des évêques, du pape. Je me suis au contraire senti détesté, soupçonné, suspecté, rejeté, surtout jalousé pour mes pauvres petits dons. Je crois même que le sentiment le plus doux de leur part et du côté des cathos moyens, et aussi de l'avant-garde progressiste, a été l'indifférence meurtrière. Mais je connais leur forfait majeur : me retirer la seule justification qui n'est ni sacerdotale ni religieuse de mon célibat vécu dans la chasteté : la tribune nécessaire à ma folie de la sainte prédication. De sorte que si j'avais eu dans ma vulnérabilité humaine, un coup de foudre, un coup de cœur, un coup de sang, un coup de sens, mes faux frères auraient seuls porté devant Dieu la responsabilité de mon péché.

Aujourd'hui, c'est bien à la lumière de la mort de mon vrai frère, blessé déjà par un échantillon du pouvoir inquisitorial au sommet de l'ordre, que j'ai définitivement tout compris des bassesses de mes faux frères. Avant sa mort, Jacques écrivit la dernière lettre de sa vie terrestre au provincial de son ex-province dominicaine. Il était ulcéré par mon expulsion sauvage. Dans cette lettre, il lança à ce supérieur majeur cette question, entre autres traits terriblement indignés : connaissait-il un seul religieux capable comme son frère Jean de rugir en une nuit les 150 psaumes à la face du Dieu des pauvres ? Eh bien ! mon prieur provincial n'a pas plus répondu à mon frère mourant qu'au flot de mes amis lui demandant raison du procédé pirate. Figurez-vous qu'au lieu de répondre à mon frère vivant, il le fit à sa veuve.

Quelques mois avant sa mort, j'ai eu la joie déchirante de célébrer son mariage religieux avec sa femme Joëlle, de qui étaient nés mes nièces et neveux, Emmanuelle, Pierre, Ève-Marie, François-David, Jonathan. Jacques voulait que je sois témoin de leur amour devant Dieu. Je l'entends toujours entonner le beau cri de la liturgie : « *Deus in adjutorium meum intende !* » – Dieu, au secours ! Comme je l'entends dire : « A vingt ans, je voulais changer le monde, mais je n'ai trouvé avec moi que de vieux garçons. » Jacques, mon petit frère, quand Emmanuelle, ta fille, ma nièce, m'a dit : « Papa voudrait que tu lui parles de la mort », à ce moment-là, je t'ai bien regardé, Jacques : « La mort ? Y passer, d'accord. Y rester, jamais ! » ; tu as proclamé un fantastique : « Évidemment ! » qui résonne à jamais dans mon cœur. Et puis encore ceci : je lui avais donné à lire un fascicule dans lequel moi-même j'avais écrit un texte : « Le scandale » où je reviens sur l'histoire de la femme adultère, rappelant à son sujet la parole du Christ : « Que celui qui n'a jamais péché lui jette la première pierre ! » J'ai, toujours dans ce texte, emprunté une phrase à Martin Luther pour la placer dans la bouche de Dieu : « En dehors du Christ, Dieu et le diable sont très difficilement discernables l'un de l'autre. » À cette parole, j'ajoutai celle-ci, toujours dans la bouche de Dieu : « Sans mon Fils, j'ai l'air du diable ! » À l'écoute de ces phrases, Jacques devait s'exclamer avec ses grands yeux ouverts : « Comme c'est vrai ! »

Jacques, mon petit frère, tu es maintenant ailleurs où il fait nettement meilleur. Comme tu as eu raison de ne pas vouloir d'obsèques religieuses ! Tu n'as pas eu de funérailles, même pas un enterrement, promis, juré, tenu ! Parce qu'impossible d'être enterré quand on est déjà ressuscité. Alors, j'ai célébré ta résurrection par la messe pure de tout élément funèbre dans cette magnifique basilique de Saint-Maximin où tu as toi-même si souvent célébré le partage du pain maximum vital et du vin de l'enthousiasme devenus corps, sang du Verbe.

Jacques, nos faux frères ont voulu tuer en nous les deux petits garçons qui se donnaient toujours la main et n'acceptaient jamais d'être séparés, mais l'un et l'autre, aux accents des grandes orgues de ta célébration à Saint-Maximin, nous proclamons, à voix forte et bras étendu, le Bernanos de nos vingt ans, l'auteur des *Enfants humiliés* qu'admirait tant le père Brückberger : « Certes, ma vie est déjà pleine de morts, mais le plus mort des morts, c'est le petit garçon que j'ai été. Et pourtant l'heure venue (et elle est venue, elle est là, Jacques !), c'est lui qui reprendra sa place à la tête de ma vie, rassemblera mes pauvres années jusqu'à la dernière et, tel un jeune chef ses vétérans, il ralliera les troupes en désordre et pénétrera le premier dans la maison du Père. »

LE PERDANT VOLONTAIRE DE SA VIE LA GAGNE.

III

À QUATRE-VINGT-TROIS ANS, JE NE SUIS QU'UNE QUESTION D'ENFANT

Vous la connaissez l'entrevue brève du petit prêtre de base avec son évêque ?

« Monseigneur, vous n'êtes pas un père.

— Pas un père, moi ? Et pourquoi ?

— Parce que le père engendre le Verbe. »

Quel condensé du drame vaudevillesque de l'Église ! Là où je croyais rencontrer un père, un papa fraternel, je n'ai trouvé qu'un monseigneur, c'est-à-dire un seigneur qui règne sur moi. De plus, il n'avait gardé d'image du père que celle du *pater familias* romain, disposant du droit de vie et de mort sur sa femme, ses enfants, bref sur toute la maisonnée comme le roi, l'empereur sur ses sujets. Et pourquoi moi aussi n'ai-je trouvé qu'un supérieur là où j'attendais un frère ? Car un supérieur, même bienveillant, ça n'a rien à voir avec le contenu d'acte, de pensée, d'affection de la splendeur inédite du mot expressif de frère.

J'ai pris mes repas, j'ai dormi sous le même toit pendant plus d'un demi-siècle avec des gens sans qu'il y ait un festival, un moment convivial, une petite heure d'amour fraternel pensé. Mais si jamais n'a eu lieu un mouvement de fraternisation, c'est parce que la fraternité a été brisée dans son élan pour prendre corps, pour se faire chair, c'est parce que la fraternité, le fraternel, sont devenus institution au lieu d'être incarnation. Je suis conscient d'avoir trouvé un ressort d'autant plus courant et caché de l'hypocrisie ecclésiastique, religieuse, qu'il appartient au piège structurel. À plusieurs reprises, l'un de mes ennemis du dedans m'a jeté, hargneux, au visage : « Vous ne voulez pas comprendre que l'Église, c'est d'abord une institution. » Je fais front : « Ah ça, non, par exemple ! » « Mais alors, reprend l'autre interloqué bien que sûr de soi, si l'Église n'est pas une institution, elle est quoi ? » J'y vais à fond : « L'incarnation. » Et je souligne, j'insiste, je mets en relief, je parle, parce que la parole met un temps fou à pénétrer dans les crânes blindés de décrets cuirassés d'ordres de chefs. Pas simplement *une* incarnation, ce qui laisserait supposer que plusieurs valeurs, une pluralité de visages du vrai Dieu pourrait s'incarner. Non ! *La* seule incarnation, le seul acte de s'incarner, de prendre chair, c'est l'Événement de l'unique Dieu qui est le Verbe, la Parole, l'intelligence parlée en explosif du Verbe créateur.

Je la tiens, l'erreur magistrale de l'Église : elle a voulu s'instituer d'abord, s'organiser en premier lieu. Et, quand on fait de l'institution son objectif primordial en mettant du même coup l'incarnation au second plan, il y a obligatoirement un autre que Dieu, que son Verbe qui s'incarne. Et celui-là, nous l'avons tous deviné. Le premier incarné, mais c'est alors le vieux pouvoir, pas le principe d'humanité, le Verbe, la Parole. Non, l'ancien des jours, l'ancêtre, le vieux principe d'autorité. L'Église a commis l'erreur, la faute, de couronner les rois. Or, impossible de couronner les rois sans décapiter les prophètes et donc sans sacrifier, sans immoler le peuple prophétique. Le prodigieux abbé Grégoire, au seuil de la Révolution française, écrivait : « L'histoire des rois, c'est le martyrologe des nations. » J'actualise, comme toujours, en radicalisant : l'histoire du pouvoir, c'est le martyrologe de l'humanité. La mise en croix du Verbe incarné.

Alors j'y vais de ma question d'enfant de quatre-vingt-trois ans. Pourquoi avez-vous substitué à l'acte élémentaire d'embrasser d'amour, d'amitié universels tous les hommes, toutes les femmes, tous les enfants, tous les vivants, le rapport brut des supérieurs et des inférieurs ?

Ma parole qui démasque le pouvoir devient en cours de rédaction, de création, un véritable roman policier. Et ma question d'enfant rebondit.

Mais pourquoi donc m'ont-ils fait ça ? Alors, comme un premier élément, ce n'est qu'aujourd'hui, à la lumière du dernier coup bas envoyé par mes « frères » dans mon fondement, que je sais pourquoi au-delà même du statut légal de frère prêcheur, je suis devenu de plus en plus homme de parole et homme de la parole. Rien ne dira mieux qu'un mot d'ami mon parcours d'homme libre progressivement fidèle à sa parole donnée. Je racontais l'une de mes anecdotes : « Quand je suis descendu de la tribune… » Alors une voix paisible m'interrompt : « Non.

— Comment non ?

— Tu n'en descends jamais. »

Une nouvelle fois, le trait fulgurant qui dit tout : je vis à la tribune, je pense à la tribune, je parle à la tribune, j'aime, je me lie d'amitié à la tribune, je rencontre à la tribune ou, ce qui revient au même, le plus petit dialogue se transforme en montée à la tribune. Je chante à la tribune, j'écris à la tribune, je mange à la tribune, je bois à la tribune, je dors à la tribune, je rêve à la tribune. Je ne demande que d'humbles toilettes à proximité en raison de la colique classique du cahot intérieur qui me saisit avant l'action de parole ; au point d'être transformé en tribun, déferlement du Verbe, puisque je parle de tout mon corps. Et voilà où s'enracine ma chasteté en même temps que ma pauvreté. Exactement comme celui qui peut dire : les oiseaux ont leurs nids, les renards ont leurs tanières, le fils de l'homme n'a rien où poser la tête. On reconnaît un créateur à ce qu'il n'est propriétaire de rien. En dehors de la tribune, à l'extrême rigueur, je ne réclame qu'une table pour étaler quelques feuilles de papier, un ou deux livres, pour travailler à partir de ce qui me travaille, tout à fait comme Georges Steiner dans *Errata, récit d'une pensée*, déclare : « Je suis libre partout où j'ai une table de travail. » La tribune est donc mon lieu de vie, mon grand lieu commun, ma scène, mon théâtre. Eh bien, justement, ils m'ont volé ma table de travail. Ma chambre, mon domicile, c'était ma table de travail.

C'est parce que toute ma vie se déroule à la tribune du Verbe créateur que la Parole, c'est mon amour, mon foyer, mon métier.

FINISSONS-EN AVEC LA DIVISION HYPOCRITE

DES HOMMES ET DES FEMMES

PAR LE SEXE.

IV

DU SEXE MAUDIT AU SEXE TOUT-PUISSANT

Bon nombre de mes rencontres m'ont fait découvrir que l'ennemi de l'église, c'était, c'est toujours, la femme. Par exemple, au cours de mon noviciat, on nous prodiguait cette mise en garde contre les rencontres féminines : « Quand vous êtes avec une personne du sexe, veillez à ce qu'il y ait toujours une table entre elle et vous.» Si ce n'était pas une femme mais un homme qui se présentait, on vous disait seulement : « Un monsieur vous demande. »

Il y avait encore bien pire : « S'il vous arrive d'être troublé, séduit par la beauté d'un visage féminin, essayez de vous le représenter, édenté, décharné. » On aurait voulu directement former des pédérastes, qu'on ne s'y serait pas pris autrement.

J'ai toujours à l'esprit ce que nous disait mon professeur de dogme : « *Tota mulier est in utero*, la femme est tout entière dans l'utérus », sans oublier le *Te Deum* que je traduis d'emblée, cet appel lancé au Christ par l'Église : « Toi, pour libérer l'homme dont tu assumes la condition, tu n'as pas eu horreur de l'utérus d'une vierge. » L'Église insulte à la fois l'utérus de la femme et l'utérus de la vierge.

Mais le lieu où s'exprime par excellence le mépris de la religion et de l'Église romaine pour la femme, en complicité objective avec le pansexualisme du monde mondain, c'est dans le caractère intrinsèquement pervers du culte mercantile de Marie. Il y a une parenté ahurissante entre la femme dans l'acte maternel qui reproduit l'espèce humaine selon la tradition chrétienne, et l'immaculée conception de Marie telle qu'elle est présentée par le pape Pie IX. Dans l'un et l'autre cas, femme du commun et Vierge Marie sont passives, soumises : la première à son homme, la seconde à son Dieu. D'après le pape Pie IX, c'est dès sa conception, dès son état de foetus, que Marie échappe à la malédiction divine, au décret d'excommunication céleste, au péché originel frappant tout le genre humain. La Marie prénatale paierait son exceptionnelle conception immaculée au prix fort d'une absence totale de solidarité avec l'humanité. Ceci par « application préventive », selon Pie IX, à elle seule, la favorite de Dieu, des mérites futurs de son fils dans le supplice atroce de la croix. La papauté romaine, par les deux dogmes d'union indissoluble de l'immaculée conception et de l'infaillibilité pontificale, a trouvé le moyen de faire suprême privilégiée du pouvoir divin absolu, la sainte jeune fille Mère de Dieu qui clame le contraire dans son *magnificat*, charte des insurgés du monde entier, l'abolition de tous les privilèges : « *Deposuit potentes de sede* », « l'infini Dieu a fait dégringoler tous les puissants de leurs trônes ». Aussi, je me tourne vers toi, Marie, l'ultime rayonnement d'Israël, non la nation, l'État, mais l'apatride peuple juif des prophètes. Vers toi, Marie, qui n'en pouvait plus de ce que le Verbe soit toujours rejeté dans les cieux, tu as fini par lui faire prendre corps dans ton corps. Tu as conçu l'inconcevable, le « non » à l'intolérable.

Et comment te séparer de l'une des femmes les plus trahies par l'Église et par le monde, puisque l'on a osé la faire sainte de la patrie, elle, Jeanne, sainte de la Résistance à toutes les puissances d'occupation, aussi bien de l'homme occupant de la femme, que du faux Dieu du ciel occupant de la terre. Elle qui avait poussé l'audace jusqu'à se revêtir d'habits d'homme, quand les flammes allaient l'étouffer, a jeté son dernier cri à la face de l'évêque Cauchon, de Beauvais : « Évêque, je meurs par vous ! »

Si l'Église a réduit la femme dans sa féminité, dans sa conjugalité, dans sa virginité, bref dans son humanité, à l'état de sexe, c'est pour n'avoir pas à mettre en accusation le pouvoir et l'argent. Il fallait que l'Église condamne la femme tentatrice, séductrice, pour innocenter l'autorité captatrice, le pouvoir universellement dominateur et l'argent corrupteur.

L'ennemi, c'est bien la femme. Pécher en langage d'église, n'a eu longtemps qu'une signification : le mal se commet avec la femme qui reproduit son initiative mythique d'offre à ce nigaud d'Adam, du fruit de la connaissance – c'est-à-dire le savoir du bien et du mal. Il convient même d'aller plus loin et plus profond : la femme serait non seulement la personnification du mal, du péché, mais l'incarnation du démon, du diable. Je suis persuadé que, dans ce préjugé abominable, se trouve l'une des causes principales de l'homosexualisation croissante du personnel sacerdotal et religieux.

Ainsi que me le faisait remarquer l'un de mes supérieurs : « Tu devrais savoir que le prieur d'un couvent dominicain de Londres vit en concubinage avec un frère sans que la communauté s'en trouve affectée. » Dans cette perspective, il en est qui interprètent l'Évangile d'une curieuse manière. Ainsi, dans le quatrième évangile, on peut lire : « L'un des disciples, celui-là même que Jésus aimait, était couché dans le sein de Jésus », ce qui, pour certains, signifierait que le fils de l'homme aurait vécu une relation homosexuelle avec son préféré, Jean. Un aumônier laïc alla même jusqu'à me dire un jour : « Je ne vois aucun inconvénient dans le fait que Jésus ait pu déclarer à tel ou tel de ses disciples : à ton tour, maintenant pour la nuit avec moi ! » Autrement dit, on a réduit l'incarnation de Dieu à la virilité de Dieu, mais en excluant la féminité et, du même coup, l'humanité totale.

J'en suis devenu si conscient que, pendant mon dernier séjour réunionnais, le journal *Le Quotidien* m'interrogeant par écrit, entre autres, sur le sexe de Dieu : « Pourquoi le représentons-nous toujours vieux et mâle ? », je répondis par une boutade : « *Et homo factus est* du *credo* ne veut pas dire, pour certains de mes " frères", "il s'est fait homme" mais " il s'est fait homo" ! »

J'en arrive alors à penser que des frères font comme si, en appuyant la pratique par l'affirmation théorique, leur homosexualité les mettait au-dessus du vœu et de la vertu de chasteté qui ne les concerneraient pas et ne vaudraient que pour les frères plus vulgaires d'inclination hétérosexuelle, en raison même de la femme présentée cléricalement comme l'ennemi public numéro un.

Il importe d'en finir avec une notion équivoque qui a empoisonné tout le champ de l'éthique. Très tôt mais pas au début, les théologiens chrétiens ont parlé de nature humaine. Ils disaient même que, par l'incarnation, Dieu avait assumé notre nature humaine. Non, il a épousé notre condition. Affirmons-le nettement : il n'y a pas de nature humaine, il n'existe qu'une condition humaine. Donc, je rejette l'opposition séculaire de l'hétérosexualité, inclination de la nature, et de l'homosexualité, vice contre-nature.

Rigoureusement parlant, tout comme l'hétérosexualité, l'homosexualité ne devient intolérante et intolérable que lorsqu'elle se fait totalitaire. J'ai, dans l'immense champ d'humanité de mes amitiés, des amis homosexuels. L'un d'entre eux, aujourd'hui décédé, a été et demeure à jamais mon fils spirituel fraternel. Je lui dois, ainsi qu'à d'autres, la découverte tardive d'un fait qui ne prête pas habituellement à la réflexion : pas plus que l'hétérosexuel, le monde homosexuel n'est homo-gène, ce qui signifie tout simplement que l'homme, la femme, l'humain n'est pas spécifié, caractérisé, encore une fois, par la forme de sa sexualité. Je connais des hommes homosexuels généreux, fraternels, fidèles à leur amour de l'autre homme et vivant d'authentiques amitiés féminines. Par contre, je connais, spécialement dans le milieu religieux, des homosexuels sans cœur, des collectionneurs d'amours d'hommes, de liaisons, de passades.

Je m'étonne encore de ce que, au moment où j'essayais d'engager le dialogue avec l'un de ces religieux, celui-ci me répondit par un éclat de rire sarcastique. J'aurais mieux compris qu'il m'expose avec franchise le motif évangélique de son homosexualité. Qu'il me dise en toute clarté le bien-fondé biblique et théologique de son homosexualité. Car je me dois, face au non-dit qui culmine aujourd'hui, à une mise en débat. Dès lors que la femme est l'être à fuir, dès lors que le vœu de chasteté ne semble concerner que l'unique péché d'hétérosexualité, la porte est ouverte non seulement à des pratiques homosexuelles mais bien plus, à une théologie et à une mystique de l'homosexualité.

Les théologiens et les mystiques de cette homosexualité se réclament du passage des Évangiles où le disciple que Jésus aimait se trouve couché sur son sein. Ils privilégient l'épisode, l'exceptionnalise et en font la forme unique, exclusive et suprême de l'amour divin, des « prédilections » divines. Mais est-ce seulement de l'amour divin ? Et si l'expression uniquement présente dans le quatrième évangile selon saint Jean, du « disciple que Jésus aimait » me heurte, c'est, pour ma part, parce qu'elle dit crûment qu'il y aurait une hiérarchie dans le cœur du fils de l'homme. Celui-ci aurait un préféré, une « amitié particulière ». Du coup, je n'ai pas en face de moi l'amour incarné qui embrasse tout le monde mais d'abord une simple liaison amoureuse. Comment pourrais-je voir là l'universalité de l'amour, du Verbe qui prend chair ? Par ailleurs, mon expérience de frère prêcheur m'apprend qu'il ne s'agit même plus, avec cette mystique du primat de l'amour homosexuel, d'un amour de l'homme à l'homme, mais de quelques hommes à quelques autres.

D'autres prêtent à Jésus une relation hétérosexuelle avec Marie-Madeleine, la femme de mauvaise vie, finalement convertie au Christ. Dans tous les cas, on sexualise l'amour. Tout me porte à croire que cette question du sexe de Dieu est un des points majeurs de mon différend avec mon ordre. Pour des partisans dans l'Église d'une conception phallocratique de l'incarnation, Dieu se fait homme au sens strict, littéraliste, fondamentaliste, de ne pas se faire femme. L'incarnation de Dieu voudrait dire : « Il choisit le sexe masculin. » Dieu prendrait chair dans le mâle, dans la virilité, non dans l'humanité impliquant la féminité.

Il s'ensuit la réduction de Jésus-Christ, le Verbe de Dieu, à l'homme au sens du viril : c'est proprement le « sexy ». Et nous sommes obligés d'en déduire une dénaturation complète de la parole de Jésus : « Voici que je vous donne un commandement nouveau, aimez-vous les uns les autres comme je vous ai aimés. » Tout un courant inavoué tend à couvrir de la plus épaisse de toutes les équivoques la parole centrale de Jésus. L'Église, comme le monde, sait de moins en moins ce que signifie en acte l'art sans précédent de se lier d'amour fraternel d'amitié les uns aux autres.

Il me paraît indispensable de rappeler une vérité primordiale toute simple. *Avoir* un sexe est totalement différent d'*être* un sexe. Ce n'est pas parce que *j'ai* un sexe que *je suis* un sexe. Et, à plus forte raison, que je deviens inéluctablement, fatalement, un être, un objet tout entier sexuel. C'est pour cette raison très précise que les mécanismes de la société actuelle font tout pour persuader les hommes, les femmes, les enfants, les peuples, qu'ils ne sont qu'un sexe. Pub, télé-réalité, langage commun, relations humaines basées sur la drague, l'économie, elle, sur le baisage de l'autre, la politique, du pareil au même… Nous sommes là au nœud de vipères de l'organisation politique du monde. Il ne s'agit de rien moins que de travailler, de tout faire travailler à la réduction du corps, du charnel expressif spontané de toute la force d'aimer, au sexuel uniquement. L'organisation, la structuration de *ce* monde où nous vivons pour y mourir présuppose et accélère la réduction du corps humain, du vivant, au sexe. Tout le monde peut voir par là le caractère monstrueusement pervers de l'opération et sa finalité : rien n'est plus facile que de gouverner, de dominer, d'instrumentaliser deux sexes montés sur pattes. Mais, par contre, exercer un quelconque pouvoir ou même l'autorité sur des hommes, des femmes, des enfants en voie d'humanisation, de fraternisation d'humanité, c'est impossible. Soudain, tout mon paysage s'éclaire d'une lumière que je ne voyais même pas se lever, ne serait-ce qu'une minute avant le moment où j'écris ces lignes : l'Église, dans son développement historique, en tant que peu à peu romaine, en nourrissant l'obsession sexuelle, en cantonnant la femme dans le sexe, opère le transfert de la condamnation du pouvoir et de l'argent par Jésus-Christ, à la condamnation de la femme.

J'ai soutenu le mouvement « Échange et Dialogue » des prêtres qui réclamaient un débat sur le libre choix personnel entre célibat et mariage. Faut-il étendre ce débat à l'homosexualité du prêtre ? Une condition essentielle me demeure à l'esprit : que l'homosexualité comme l'hétérosexualité soient relativisées par rapport à l'exigence plus fondamentale du commandement nouveau d'amour fraternel de Jésus : « Aimez-vous les uns les autres comme moi, je vous ai aimés. » Or pour moi Jésus est chaste, d'une chasteté totale, d'expression intensément charnelle sans rien de sexuelle, de l'amour d'égal à égal, de tous les hommes, de toutes les femmes et de tous les enfants en création d'humanité.

Que le débat proprement dit sur l'homosexualité, l'hétérosexualité, la chasteté, l'affectivité, l'amour, s'ouvre enfin ! Le terrible de la situation actuelle, c'est, encore une fois, qu'il n'existe nulle part !

Ayant posé les jalons, je suis d'autant plus à l'aise pour aborder le problème primordial de la chasteté dont, nous, frères prêcheurs, nous faisons tout de même profession… sans que le vœu d'être chaste soit explicitement formulé le jour de notre engagement !

Mais d'abord, une anecdote. Souvenez-vous de mon supérieur provincial qui, après mon carême de la Mutualité, m'avait pratiquement interdit de parole et d'écrit, me conseillant de ne confier ma prose qu'à des revues spécialisées, autrement dit confidentielles. Comme, bien après, je lui faisais remarquer le silence écrasant de l'ordre dominicain sur l'engagement à la chasteté – je ne me rappelle même pas un seul cours, un seul exposé en dix ans sur ce point majeur –, il me répondit avec un singulier sourire, lui aussi : « Oui, la honte de la famille ! » Même en admettant qu'il ne s'agissait que d'une boutade, je dois dire que j'en suis encore sous le choc parce que c'est une manière scandaleuse d'éluder la question capitale pour nos vies apostoliques et sacerdotales. Depuis lors, j'ai compris qu'il ne faisait qu'exprimer la légèreté des Églises sur ce fait essentiel : que signifie donc être chaste ?

Pour ma part, je n'ai jamais cessé d'explorer le seul texte – celui de Matthieu, même si beaucoup en contestent l'authenticité – que les Évangiles nous aient transmis sur cette question. Jésus vient de parler à ses disciples de l'union indissoluble de l'homme et de la femme ne faisant qu'une seule chair dans l'acte d'amour. Alors les disciples lui disent : « Si telle est la condition de l'homme envers sa femme, il n'y a vraiment aucun intérêt à se marier. » Exprimaient-ils la nostalgie polygamique de l'homme ? À creuser… Et maintenant, la réponse de Jésus : « Tous ne comprennent pas ce langage. Mais seulement ceux à qui c'est donné. En effet, il y a des eunuques qui sont nés ainsi du ventre maternel ; il y a des eunuques qui le sont devenus par la main des hommes ; et il y en a enfin qui se font eunuques pour le royaume des cieux. Comprenne qui peut comprendre ! » D'autres traductions disent : « Celui qui a des oreilles pour entendre, qu'il entende ! » Peut-être dirions-nous aujourd'hui : « Comprenne qui pourra ! »

On voit que Jésus soulève infiniment plus de questions qu'il n'apporte de réponses. Mais qu'il a raison, Romain Gary, quand il écrit, et nous avec lui puisque désormais forts des paroles énigmatiques de Jésus : « Le plus terrible qui puisse arriver à la question, c'est la réponse » !

Il est manifeste que le fils de l'homme parle de la chasteté en termes de mutilation : l'eunuque. Rappelons qu'au IIIe siècle, Origène, l'un des plus grands penseurs de l'Église, a pris à la lettre, et non selon l'esprit, cette parole de Jésus en choisissant de se castrer lui-même. Il n'en reste pas moins vital de se demander pourquoi Jésus a parlé en termes si choquants et la raison pour laquelle la tradition a coupé court à toute recherche sur la finalité d'une aussi monstrueuse atteinte à l'intégrité, à la virilité de l'homme.

Si c'est, comme il le dit, « pour le royaume des cieux », reste à savoir ce qu'il peut bien être, ce royaume des cieux, ce qu'il peut bien avoir d'attirant au point de justifier l'impuissance volontaire de l'homme à réaliser l'acte d'amour entre un homme et une femme. Dans l'optique d'une interprétation littéraliste, le royaume des cieux signifie la fin des temps, ce que l'on appelle la perspective eschatologique, c'est-à-dire la fin de ce monde et l'irruption de l'autre monde, donc, celui qui vient après la mort. Car s'il fallait renoncer à faire de son vivant une seule chair avec l'autre soi-même pour n'atteindre sa pleine réalisation qu'après la mort, disons-le nettement, je donne raison, dans cette hypothèse, à mon provincial castrateur quand il parlait de la chasteté comme de la honte de la famille ! Quand je lis la parole même de Jésus, je découvre que le royaume des cieux, dans sa bouche, c'est la grande affaire à réaliser non pas dans l'au-delà, dans l'autre monde, mais tout de suite, dans notre monde, pour le faire autre. Écoutons le Verbe tel que nous le raconte Matthieu : « Voici qu'un homme sortit pour semer. » Tout le contexte des Évangiles prouve que cet homme qui sort pour semer dans son champ, c'est ça le royaume des cieux. Jésus prend continuellement l'expression de royaume des cieux dans ce sens, d'un geste très précis, concret. Il dit encore, toujours chez Matthieu : « Il en va du royaume des cieux comme d'un homme qui a semé du bon grain dans son champ. […] Quand l'herbe eut poussé et produit l'épi, alors apparut aussi l'ivraie. » Immédiatement, nous saisissons que « royaume des cieux » ne veut pas dire pour Jésus l'état d'épanouissement total à la fin des temps puisque l'ivraie, la mauvaise herbe, se mélange au bon grain. On est bien sur terre ! C'est donc que Jésus ne veut absolument pas désigner la perfection absolue à laquelle le monde doit parvenir mais le processus conflictuel de réalisation de l'acte du semeur. Même chose pour la parabole du grain de moutarde « qu'un homme prend et sème dans son champ. C'est bien la plus petite de toutes les semences. Mais quand elle a poussé, elle est la plus grande des plantes potagères. Elle devient un arbre, si bien que les oiseaux du ciel viennent faire leur nid dans ses branches. » Même chose encore quand le royaume des cieux est « comparable à un trésor qui était caché dans un champ et qu'un homme a découvert : il le cache à nouveau et dans sa joie, il s'en va, met en vente tout ce qu'il a et il achète ce champ. » Aucune de ces paraboles n'indique une situation acquise, le point auquel on est arrivé, mais une dynamique continuelle. Le royaume des cieux n'a donc rien à voir avec une vérité établie, installée, avec un dogme, une doctrine, encore moins un catéchisme. C'est l'histoire passionnante et passionnée de la montée des plus hautes aspirations humaines en vue d'un avènement de l'humanité fraternelle. Je dis bien humaines, d'humanité et non pas seulement viriles puisque, dit encore Jésus, « le royaume des cieux est pareil à du levain qu'une femme prend et enfouit dans trois mesures de farine jusqu'à ce que se lève toute la masse. » Et quand Jésus raconte toutes ces histoires pour imager avec une force attractive, la montée, le soulèvement d'absolument tous les vivants s'arrachant aux forces de décomposition et de mort, il veut montrer qu'il appelle, qu'il convoque le plus grand nombre possible à se donner corps et âmes, ensemble, à ce travail, à cette œuvre, à ce chef-d'œuvre. Force nous est de voir que cette provocation, cette convocation à une tâche aussi créatrice et subversive est insuffisamment exprimée de nos jours par le terme pleinement suggestif à l'époque de « royaume des cieux ». Jésus veut nous mobiliser tous pour que, comme lui-même s'est incarné dans l'histoire, nous en venions à faire prendre corps au grand projet de son utopie absolue réalisée.

Si la chasteté n'est donc pas tout entière motivée par ce projet que tous les réalistes qualifient de chimérique, elle n'a aucune raison d'être. Et comment ne pas songer ici au curé de Torcy dans *Le Journal du curé de campagne* de Bernanos quand il s'écrie : « Si le bon Dieu a permis que je ne sois pas trop tenté dans ma chair, l'injustice, ça m'allume le sang ! » Dans la mesure où le renoncement à faire une seule chair avec un homme ou une femme aimée ne jaillit pas de son propre sang allumé par le projet d'éradication de l'injustice mondiale, structurelle, alors les renonçants à cette utopie feraient aussi bien d'aller forniquer puisque, d'une manière ou d'une autre, l'amour n'est pas pour eux !

Mon vœu de chasteté implique la reconnaissance aimante, fraternelle chez une foule d'êtres humains, en priorité d'un homme et d'une femme s'unissant dans le désir passionné de préfigurer l'amour universel. Mon choix de la chasteté, donc de ne pas vivre en couple, ce choix s'enracine non pas dans le sacerdoce, non pas dans l'opposition avec l'union amoureuse, mais dans le don de tout moi-même à la tâche de diffusion du projet d'une humanité fraternelle. La Parole, le Verbe, c'est mon amour, mon foyer, mon métier.

Le scandale, c'est que n'importe quelle valeur ne se justifie que par le fait d'être pensée en terme de pratique et d'être pratiquée en terme de pensée. Aujourd'hui, et depuis des siècles, ni chasteté, ni féminité, ni virilité, ni sexualité, ni homosexualité, ni hétérosexualité, ni humanité, rien de tout cela n'est réellement pensé. Et du coup, ni réellement pratiqué comme aventure de pensée. Et qui dit non pensé, dit identiquement inhumain. On ne peut penser ni pratiquer aucune de ces questions sans poser dans toute son ampleur l'immense question de l'humanité. Ici me revient mon sujet du bac de philosophie, une parole d'Henri Bergson : « Il faut penser en homme d'action, agir en homme de pensée. »

Il va sans dire – mais c'est mieux en le disant – que tel n'était pas du tout mon état d'esprit et ma situation de vie au moment où j'ai prononcé, ou plutôt où l'on m'a fait éluder mon vœu de chasteté qui a été trafiqué afin que l'autorité religieuse, c'est-à-dire le pouvoir, ait la possibilité de le dissoudre dans l'unique vœu d'obéissance. Or, comme le disait mon maître, le père Marie-Dominique Chenu, « l'obéissance, comme d'ailleurs la religion, n'est qu'une petite vertu morale ». Comment faire tenir la mutilation volontaire de mon être pour l'épanouissement convivial de l'humanité entière dans une obéissance d'inférieur à supérieur ? Au fur et à mesure que se creusait en moi mon exigence de don intellectuel et affectif à l'universelle virtuosité de la parole, une évidence m'apparaissait : l'horrible disproportion entre l'universalité de mon idéal et la pauvreté dérisoire des moyens qui m'étaient institutionnellement donnés pour le réaliser. L'obéissance à des supérieurs ne fait vraiment pas le poids auprès de l'irrésistible désir de faire une seule chair avec l'autre moi-même. C'est rigoureusement parlant ce que j'ai exprimé en m'adressant au seul maître général de mon ordre avec lequel j'ai eu des liens personnels d'amitié, frère Timothy : « Entre tes mains, je promets de désobéir à tout ce qui n'est pas le commandement nouveau de Jésus-Christ, contrordre d'absolument tous les ordres. Aimez-vous, liez-vous d'amour fraternel universel les uns aux autres comme moi je vous suis lié pour toujours. »

Personne n'est chaste par amour de la chasteté. Sinon, ce serait de la continence. Mais je n'ai jamais fait le vœu d'entrer dans le corps d'élite de la continence. Là, nous atteignons un des sommets de l'hypocrisie cléricale qui sécrète la vie double comme un produit normal de son fonctionnement : la réduction délirante de la chasteté à la continence ! On ne peut devenir chaste que dans un processus difficile, épuisant et jubilatoire tout à la fois, où l'on métamorphose tout l'univers de la sexualité en expression charnelle de l'amour fraternel de tous.

Mais pourquoi donc Jésus a-t-il parlé d'eunuques pour le royaume des cieux ? Parce que le travail, l'édification du royaume des cieux exige la mutilation du désir premier de faire une seule chair avec l'autre, pour ne plus faire qu'une seule chair avec le Verbe fait chair. L'embarras où je suis moi-même de justifier le caractère heurtant de la parole de Jésus me révèle que l'appareil institutionnel de mon ordre et de l'Église romaine, depuis toujours, n'a jamais cherché à élucider cette immense énigme de la parabole de l'eunuque.

Je comprends au moment même où je l'écris la force insolite de ce mot de Georges Steiner dans *Errata, récit d'une pensée* (...) : « Je vais peut-être dire quelque chose de puéril. Mais je pense que Dieu n'est pas encore, parce qu'il ne peut advenir que comme un excès d'amour sur la haine. » Je regarde le monde et je vois partout la haine à l'état excessif. Mais l'amour, qu'il est mesuré ! Je ne veux pas être et je ne serai jamais le témoin d'un Dieu mesuré. Je serai de plus en plus le témoin de l'amour démesuré, délirant, excessif du processus de tendresse et d'indignation qui est Dieu même. Et c'est la raison pour laquelle, lorsque me trouvant à l'office liturgique de mon couvent qui chantait l'hymne : « Fortifie-nous par l'abstinence ; et de la chair, rends-nous vainqueur ! », j'ai claqué mon livre de prières, je me suis incliné devant l'autel et je suis sorti furieux. À mon prieur qui me demandait des explications, j'ai répondu : « Est-ce que c'est ce dont tu t'abstiens qui te fortifie ? Moi, je ne suis pas un abstinent mais l'adhérent actif, agissant, au Verbe fait chair. » À la lumière de mon affirmation, ma colère rebondit. « Mais c'est pas Dieu possible ! Que le Verbe aurait pris chair pour nous rendre vainqueur de la chair, alors que c'est au contraire pour que toute chair trouve son Verbe. »

Pour illustrer très concrètement mon propos, je voudrais raconter ce que m'a dit une femme, un jour, à Marseille : « Je viens de larguer mon fiancé parce que j'ai vu que l'homme de ma vie, c'était vous. » Il est clair que rien dans ma formation ne m'avait préparé à une situation de ce genre. Mais la finesse d'observation de la jeune fille était si aiguë qu'elle a fait en une seule phrase la critique de toute ma formation dominicaine : « Vous êtes si gentil avec tout le monde qu'on peut se demander si vous faites vraiment attention à quelqu'un. » J'avais été formé à un universalisme d'amour purement abstrait. Et abstrait veut dire littéralement privé de tout concret, vide, et de toute chair et de tout cœur. Et il est clair que mon éducation et la vie conventuelle ne pouvaient pas faire le poids auprès d'une femme très belle. Il a donc fallu que je commence personnellement par mes propres forces une éducation à la chasteté finalisée par l'amour radicalement contraire à l'artificiel dans lequel j'avais baigné. Je réalise aujourd'hui que si j'avais suivi cette merveilleuse personnalité, je serais peut-être à l'heure actuelle sénateur socialiste de L'Isle-et-Vilaine, de la Meurthe-et-Moselle ou des Deux-Sèvres.

Deuxième rencontre féminine. Une « zoreille » comme on dit à l'île de la Réunion, me téléphone à Montpellier pour me lancer : « Tout le monde vous attend ici. » Au terme d'une série de dialogues téléphoniques, elle me dira : « On pourrait peut-être SE tutoyer puisqu'on est frères. » Revenu à la Réunion, je lui déclarai : « Je t'aime plus profondément que si tu étais *ma* femme. D'ailleurs, je ne sais plus qui tu es, ma sœur ou ma fille. » Ce à quoi elle me répondit : « Je suis ton frère. » C'était la première fois qu'une femme me disait non pas que moi, j'étais son frère, mais qu'elle était, elle, mon frère. Elle ajouta alors ce que je n'avais jamais entendu : « Je dis partout que je suis la femme frère parce que tout le monde alors voit que je suis la femme pensante tandis que si je dis que je suis la femme sœur, on fait de moi la femme servante. » Cette merveilleuse déclaration est renforcée par une remarque de Romain Gary dans son récit *Au-delà de cette limite, votre ticket n'est plus valable* : « Sans doute ai-je manqué d'amour fraternel pour les femmes. Et l'amour sans la fraternité, ce n'est qu'un championnat du monde. » Nouveau bon de pensée ! Si j'ai voué ma vie au Verbe, c'est pour que l'amour ne manque jamais de fraternité.

À la lumière de cette révélation merveilleuse, un texte de saint Thomas d'Aquin dans sa *Somme théologique* ressurgit dans mon esprit. Au second volet de sa deuxième partie, à l'article X de la question 26 sur « l'ordre de la charité », notre grand auteur se demande qui l'on doit le plus aimer, le père ou la mère. Et il répond que « nous aimons nos parents comme les principes de notre génération naturelle ; mais c'est au père que doit aller notre préférence car il est le principe par modalité active, alors que la mère est principe par mode passif et matériel. En effet, c'est le père, l'homme qui imprime sa forme à la matière purement disponible qui constitue la fonction maternelle. » Autrement dit, papa est actif, maman est passive. Papa est le conquérant, le colon, l'annexionniste, l'occupant de maman. Exactement comme le Dieu de la scolastique *l'Ens a se*, l'Être par soi, en soi, le premier moteur immobile et séparé, primordial est seul purement actif, tout le reste, sa création réduite à la créature, est passif.

Être chaste, prophétiquement, c'est-à-dire pour le royaume des cieux dès maintenant réalisé sur cette terre, c'est précisément le contraire de se contenir. J'oppose à cette continence ma grande boutade signifiante : je me défoule en permanence pour ne pas être refoulé Personnellement, je ne parle pas d'abord en termes de mutilation mais dans l'optique de mon plein épanouissement. J'ai décidé de ne faire que ce qui me plaît à fond. En optique de plaisir, mais pour vivre ce qui me plaît à fond, il faut que je rompe avec ce qui ne me plairait qu'à moitié. Si je renonce à embrasser l'autre moi-même au féminin, c'est pour embrasser tout le monde, toute l'humanité afin qu'elle ne soit, tout entière, qu'une seule chair.

Et je trouve enfin l'ultime raison de ma chasteté. L'Église est passée du sexe maudit, pure expression du péché, à ce que j'appelle, sous couleur du Dieu maître ou du Destin, la toute-puissance du zizi, le pouvoir autocratique, théocratique, phallocratique, qui, champion d'exercice du droit divin de cuissage, se tapit, se camoufle dans le premier article dû à l'empereur Constantin du credo de Nicée, « Je crois en Dieu, LE PÈRE TOUT-PUISSANT », l'opposé absolu de celui que Jésus appelle NOTRE PÈRE. Pour moi, la folie de la prédication, c'est d'arracher Notre Père et son Verbe aux griffes du Tout-Puissant.

LE GOUVERNEMENT, C'EST LA PUISSANCE D'EMMERDEMENT !

V

DU COUVENT AU GOUVERNEMENT, L'ENNUI MORTEL

Le *Journal d'un curé de campagne* de Georges Bernanos s'ouvre sur une page aux virtualités d'applications quasi infinies : « Je regarde ma paroisse. Elle est dévorée par l'ennui… L'ennui, cette forme turpide du désespoir qui est comme la fermentation d'un christianisme décomposé. » S'il ne s'agissait encore que de la paroisse du curé d'Ambricourt ! Mais il est clair qu'un tel constat d'ennui paroissial s'applique en toute rigueur d'exactitude à quantité d'autres lieux. Je regarde mon ex-couvent dominicain de Montpellier. Il est dévoré par l'ennui. Je regarde ma province sans fraternité des prêcheurs de Toulouse. Elle est dévorée par l'ennui. Et l'ordre tout entier serait-il à l'abri de la menace ? Je n'insisterai pas sur l'Église que dévore l'ennui. Cette forme turpide du désespoir qui est comme la fermentation d'un christianisme décomposé. Un christianisme d'ennui mortel marqué infiniment plus du péché originel que du Verbe éternel d'amour fraternel universel. Puisque le christianisme historique est lui-même une décomposition du Corps de Jésus le Christ-Verbe, l'ennui clérical, paroissial, sacerdotal, épiscopal et parfois pontifical devient la décomposition du dé-composé. Je ne me console pas pour autant de ce raz-de-marée d'ennui ecclésial par la constatation « qu'ailleurs », disait l'un de mes responsables religieux, « grâce à Dieu, c'est pire ». De quelque côté institutionnel, profane ou sacré que je me tourne, ça suinte, ça sue, ça pue la fermentation d'un idéal, d'un grand projet, d'une généreuse utopie dé-composés. Comme la boutade me monte au nez, une nouvelle formule me vient à la plume : le ver de l'institution, de la gestion est dans le beau fruit du Verbe incarné, crucifié, ressuscité. Il est dans l'ennui structurel des conseils d'administration, de l'état-major général et de tout le personnel du Fonds monétaire international, de l'Organisation et de la Banque, toutes deux mondiales, du commerce. Il est dans les nations, de même type d'union que leurs homologues d'unité économique et financière. Il est dans les religions parce qu'elles sont toutes des religions du pouvoir. Mais quand donc allons-nous rassembler nos ressources, nos dons de créative co-élaboration pour arrêter ce déferlement d'ennui né des pouvoirs publics qui ne sont que les fondés de pouvoir de tous les intérêts privés groupés de l'écœurante mondanité ? C'est bien ça, la fermentation d'un humanisme, d'un socialisme, d'un communisme, d'une démocratie décomposés au rythme du christianisme perdant sa sève originelle, par leurs coucheries légales conjugales ou de passade avec l'économie de marché. Si vous m'objectez que la tâche est trop herculéenne pour être tentée, je vous réponds sans hésiter qu'elle est même prométhéenne ! Donc, raison de plus de s'y atteler, de s'y mettre tous ensemble et tout de suite. C'est Prométhée jusqu'au Verbe qui prend chair. Autrement dit, Jésus ! Mais pas Jésus enfermé dans Jésus ! Lui, la révolte de Prométhée portée jusqu'au bout. Parce que le nom même de Jésus signifie Dieu qui sauve, Dieu libérateur. Dieu, acte de salut public. Le contraire du Dieu gouverneur.

Nous voyons qu'il y a mille fois pire que la mort : la vie mortelle. De son vrai nom, l'ennui mortel, cette forme turpide du désespoir qui est comme la fermentation d'un déisme, d'un monothéisme, d'un sionisme, d'un islamisme, d'un christianisme, d'un catholicisme, d'un réformisme, d'un humanisme comme d'un démocratisme, d'un athéisme, d'un agnosticisme, d'un positivisme, d'un scientisme, d'un mondialisme, d'un révolutionnarisme décomposés à l'intérieur de la putréfaction capitaliste. C'est de cet ennui mortel du grand idéal dominicain mis en boîte conventuelle de pensionnat religieux que j'ai failli mourir, que même je suis plusieurs fois mort.

Il résulte de cette occultation du but, de la finalité des prêcheurs, le danger majeur de pactiser avec le mal du siècle : la puissance de l'ennui mortel. Aucun mystère de la foi chrétienne n'est comparable à celui que j'aborde maintenant. Comment l'Église a-t-elle trouvé le moyen d'ennuyer, que dis-je ennuyer ? D'empoisonner mortellement la vie des hommes, des femmes, des enfants avec cela même qui a de quoi les épanouir, les dilater à l'infini ? Car c'est bien ça la communion à la parole du soulèvement des vivants et des morts au cœur de la liturgie comme théâtre du peuple enfin né, re-né, suscité, ressuscité des innombrables cimetières, lieux funèbres où sont morts pour toujours les classes, les fragmentations, les États, les nations, bref l'infra-humanité.

C'est par erreur de refus d'infini que l'on dit « tous les hommes sont mortels », alors que les seuls mortels sont les cadres étatiques, nationaux et autres successions de générations ou civilisations. Mais voyons, ce que j'écris là, je l'ai tout le temps prêché, parlé, joué, interprété, créé ! Je ne fais même que proclamer ça. Je le célèbre comme le seul événement auprès duquel les quotidiennes « infos » ne sont qu'éphémères rumeurs sans horizon. Et cet événement avec un autre Jean, l'Évangéliste, celui dont je peux dire en un défi au réalisme : « Nous sommes passés de la mort à la vie parce que nous aimons nos frères. » Et c'est ça la Pâque. Or ce chef-d'œuvre du théâtre, je suis bien obligé d'avouer qu'il est devenu une pièce mal jouée. Les acteurs par vocation fonctionnent par ordination. L'imprévisible représentation mobile, nomade, vagabonde de la Pâque s'est figée en habitude du saint sacrifice de la messe. Je ne sais combien de fois je clame qu'au matin de la Pâque, les moins découragés, les moins blasés des croyants espèrent qu'enfin la réponse va pouvoir jaillir du tombeau. Ils ne remarquent pas que c'est toujours la question qui jaillit hors de la tombe. En vertu de ce qu'écrit Romain Gary-Émile Ajar : « Le pire qui puisse arriver à la question, c'est la réponse. »

Aucune réponse d'Église, d'État ou même des familles et des nations ou États dits unis n'arrive à la hauteur d'une seule question d'enfant. Pour n'avoir pas vu, pour toujours refuser de voir cette vérité toute simple du passage de la mort à la vie par connaissance de l'amour fraternel universel et pour lui préférer l'écoulement quotidien idiot de la vie à la mort, le pouvoir domestique ménager, familial, paternel, maternel, institutionnel, confessionnel, conventuel déverse sur ses sujets depuis le commencement, s'il y en a un, des kilos, des tonnes d'ennui mortel.

La banalisation rituelle ou plutôt l'hypocrite schématisation, la squelettisation, la cadavérisation par recherche permanente de compétition, d'un appétit de domination marié à la pire sujétion, du plus petit geste fraternel de création, atténue, édulcore, bride, neutralise et tue !

Je me demande aujourd'hui comment j'ai pu vivre tant d'années dans la boîte conventuelle. Mais la réponse est d'une enfantine simplicité. Je n'ai pu vivre là qu'en n'y vivant pas. Application stricte, rigoureuse et chaleureuse, de la Parole du Verbe : soyez dans le monde comme n'y étant pas. Vivez à plein dans le monde sans jamais être de ce monde-là. « Mon Père, dit Jésus dans sa prière ultime, je ne te demande pas de les retirer du monde, mais de les garder du malin. » Or, tout ce que j'observe de la vie religieuse me montre qu'elle fait strictement, légalement le contraire : elle se met spatialement à l'écart du monde où vit tout le monde pour mieux être en complicité avec les pires sommets de ce monde du profit et du pouvoir.

Seule me retenait à intervalles réguliers au couvent la prédication dans l'église, du Verbe de Dieu, l'annonce de la Parole pour laquelle je sais maintenant que la plus récente fournée du pensionnat n'arrêtait pas de me tendre des pièges afin que je sois pris en flagrant délit de pathologie oratoire.

Justement, nous y voilà. J'ai beaucoup plus besoin d'une mission que d'une maison. D'un investissement dans mes liens et non d'un enlisement dans des biens qui seraient miens. De par mon métier, ma profession de frère prêcheur, il me faut d'abord les outils, les instruments, les armes de mon travail de diffusion. La domiciliation ne viendra que plus tard et par surcroît si mon labeur de diffuseur du Verbe est assuré en priorité. Le droit au travail ou mieux à l'Œuvre avant le droit au logement. Ceci parce que le droit au travail n'est qu'une formulation affaiblie du droit de tous à l'œuvre et surtout au chef-d'œuvre. La transmission avant la localisation, la spatialisation, l'installation. La Parole avant la nourriture car c'est la Parole qui nourrit, garnit l'estomac, meuble, innerve, irrigue, structure le corps, restaure, comble, rassasie. Que l'on ne me fasse pas déclarer sottement qu'il y aurait là de ma part impasse sur le problème de la faim dans le monde. Il suffit de regarder un visage d'enfant affamé pour voir que, contrairement aux politiciens repus, leur faim de la parole est identique à leur appétit de pain et de riz ! Je l'ai dit lors d'une table ronde, salle Pétrarque à Montpellier, autour du chômage, des questions qu'il soulevait. Jusqu'au moment de prendre la parole, je me demandai à quel titre j'étais invité comme participant aux débats sur la privation d'emploi. Mais tout à coup, je sais pourquoi je suis là. Au nom de ma réelle identité. Je suis un chômeur de très longue durée. Pour la raison enfantine que voici : mes employeurs, c'est-à-dire mes supérieurs, ne m'ont employé qu'au millionième de mes possibilités. Alors, il n'y avait pour moi qu'un seul moyen de sortir d'une situation intenable, comme tous les autres d'ailleurs : m'employer moi-même du matin au soir, du soir au matin à la tâche de réalisation de toutes mes possibilités d'incarner le Verbe créateur. Il me suffisait de franchir la porte du couvent où résidaient les nommés frères, d'aller chez mon coiffeur si amical, ou bien tout près au bar de l'Esplanade, tenu par un autre grand ami, ou encore à ma merveilleuse crêperie de la rue Jacques-Cœur puis de prendre un train pour découvrir l'amour fraternel tout simple qui m'était haineusement refusé dans une maison officielle de ses spécialistes religieux. Grâce à toutes ces amitiés qui naissaient au pseudo-hasard de mes rencontres, je finissais par découvrir que le couvent que j'avais pris pour mon lieu de ressourcement n'était en fait que le bocal de mon enfermement.

Je rugis avec les psaumes : Courage, mon âme, pourquoi es-tu accablée ? Quand bien même une armée, un empire, à plus forte raison un petit pensionnat camperait contre moi, me tendrait des millions de pièges, je ne tremblerais pas. Car tu es mon rempart imprenable. Je vérifie qu'il y a beaucoup plus grave que le fait d'enterrer, d'emmurer, c'est d'emmerder.

Un mot de Joseph Delteil, l'un de mes grands frères jumeaux avec qui dans la « Delteillerie », aux portes de Montpellier, sur la route de Grabels, j'ai déliré le Verbe. Avec l'auteur de *Jésus II, François d'Assise,*

Jeanne d'Arc..., je me grisai de sa trouvaille : « Merde est un mot solide. On peut bâtir dessus. Satisfaction est un mot bas. »

Mes « frères » sont des religieux satisfaits. Mais de quoi ou à la rigueur, de qui, me direz-vous ? Mais bien sûr, d'eux-mêmes. Victor Hugo l'a écrit merveilleusement dans *Les Misérables*. Au chapitre intitulé 1830, « 1830, c'est la révolution arrêtée à mi-côte. Qui arrête la révolution à mi-côte ? C'est la bourgeoisie. Qu'est-ce que la bourgeoisie ? C'est l'intérêt arrivé à satisfaction. » Tout est dit. La satisfaction, c'est la puissance d'emmerdement qui n'est rien d'autre que la puissance d'embourgeoisement.

L'ennui naquit un jour non pas de l'uniformité mais du désœuvrement organisé. Il s'ensuit que le grade, le galon indiquant votre place dans la hiérarchie économique, sociale et financière n'est qu'un signe distinctif d'appartenance à la gestion active, responsable, du travail au cœur d'un désœuvrement fondamental.

Ce n'est qu'au prix de ce désœuvrement universel recherché comme but ultime, objectif suprême qu'advient, surgit, se forge, s'insinue, s'infiltre, s'impose, survit ce préjugé régnant depuis la nuit des temps qu'avant toute chose pour assurer la marche normale du monde et même de la vie, il faudrait un gouvernement. Il faut un chef. D'après la tyrannie de l'opinion moyenne domestiquée depuis des siècles, il faut en premier lieu que quelqu'un ait le titre de chef. Le diplôme, le parchemin, le sceau sacré, le sacre garantissant qu'il est bien le chef, qu'il a droit aux honneurs, aux privilèges, au statut d'exception... dus à l'authentique chef. Toujours d'après l'hégémonie du consensuel, s'il est une vérité consacrée par l'usage et qui ne devrait pas susciter la discussion, c'est bien celle-là : la nature des choses et des gens impose qu'existe ou plutôt soit d'essence première un porteur du titre de chef. Exactement comme à une famille, à une entreprise, à un État, à une patrie, à une Nation, à des États, à des nations s'ils veulent être unis, il est indispensable d'avoir une direction, un directeur, un décideur, un contrôleur, à tout l'univers, il faut nécessairement son gouverneur. Plus vous vous étendez, plus vous passez par conquête, affairisme, diplomatie ou les trois réunis, par la nécessité pratique du pouvoir local à l'obligation réaliste du pouvoir impérial. Et quand vous atteignez l'universel, tout le poids de l'expérience des âges vous fait sentir l'obligation impérieuse de recourir au gouvernement mondial, au pouvoir mondial, à l'administration mondiale. Au patronat mondial. Et nous voilà tous pris au piège de la mondialisation. Et du même coup, de la même terrible logique, à tous les siècles des siècles, il faudrait que s'ajoute le seigneur des seigneurs, le gouverneur en chef que tout le monde appelle Dieu ou le Destin.

L'Europe n'est elle-même qu'un agglomérat hégémonique d'États rivaux, inégaux en pitoyable caricaturale infra-humanité. La grenouille qui se gonfle pour essayer d'égaler l'énorme bœuf américain. Subitement, un psaume d'une foudroyante actualité monte à mes lèvres de porte-parole du Tribun de la plèbe et des esclaves : « La bassesse est montée au sommet parmi les hommes. »

Que voyons-nous dans l'état actuel du monde ? Les pouvoirs publics sont incapables de faire ce pourquoi ils sont faits : donner le plein-emploi de toutes leurs énergies à leurs concitoyens. Mais en même temps, ce pourquoi ils sont faits, ils ne peuvent pas le faire. Parce que le pouvoir qu'ils exercent est la seule chose au monde qui ne se partage pas, étant donné qu'on ne peut régner, gouverner, qu'en divisant à l'infini ceux sur qui on veut régner, ceux qu'on veut gouverner. Voilà pourquoi le pouvoir, incapable de donner le plein-emploi à ses sujets, se démasque et montre qu'il n'est que le suprême emploi fictif. Mais, tonnerre faut-il ne rien avoir à faire et surtout rien à créer pour gouverner ?

Le commandement, le gouvernement ne redoute rien comme la mise en œuvre, en création, de ce qui doit rester selon lui toujours davantage à l'état de désœuvrement. Cette universelle privation d'œuvre créatrice s'opère par une alternance de substitution d'accumulation de travail servile exténuant, esclavagisant, et de chômage, d'absence mutilante d'activité publique. Dans ce sens, le mot création d'emplois est d'une hypocrisie doublée d'un mensonge inqualifiable. Il ne saurait exister création d'emplois comme il y a privation d'emplois. Aucun créateur n'a créé, ne crée des emplois. Un créateur crée une Œuvre, une création. Le Créateur universel crée l'univers, toute la Création en se donnant à elle sans une once de domination. Le contraire, l'opposé, la contradictoire de la Création et du Créateur, c'est fabriquer, produire, faire des créatures. Quand, dans une société, des millions d'hommes et de femmes ne trouvent aucun terrain d'emploi de leurs ressources d'énergie créatrice, il doit bien y avoir un coupable d'une frustration aussi fondamentale. Et ce coupable ne peut être que l'ensemble des pouvoirs constitués.

En raccourci religieux de tout le personnel mondial du pouvoir, les fonctionnaires du pensionnat conventuel ont perdu ou plutôt je pense qu'ils n'ont jamais eu la moindre perspective dépassant la durée de leur vie humaine. Que dis-je, de leur vie humaine ? De leur vie religieuse. Même pas de leur vie tout court, de leur carrière religieuse. Ceci parce qu'ils se sont bornés, ils se bornent à leur génération. Ils isolent, ils abstraient leur temps, leur petit laps de temps, leur génération éphémère de la grande vie humaine, *a fortiori* du devenir d'histoire de l'humanité. Ils absolutisent, ils idolâtrent leur brève apparition dans la succession des temps. Ils ne font que leur temps. Ils ont perdu toute perspective dépassant la durée d'une vie humaine.

Nous sommes aux prises avec l'horreur médiocrisante qui nous tue chaque jour un peu plus ; pas du tout l'anarchie, appelée le pire de tous les maux, alors qu'il n'y en a jamais eu pratiquement et théoriquement l'expérience globale, mais bien la dictature ultra-libérale du chaos le plus tyrannique. La tâche d'urgence rigoureusement la même que le travail à long terme peut s'appeler une refonte de notre langage courant, l'instrument habituel du chaos despotique.

Il n'existe plus désormais une seule valeur de comportement qui ne soit infléchie, pervertie, travestie en valeur d'établissement. Il n'y a pas désormais une seule valeur au sens de ce qui est valorisant, humanisant, parlant, signifiant, rassemblant, que le marché n'ait infléchie, pervertie, travestie en valeur boursière. Les plus merveilleux, les plus sublimes mots du monde, dans la bouche de ceux qui les travestissent, sonnent creux. Ils sonnent faux. Ils grincent, ils grimacent, ils ne pleurent jamais, ils pleurnichent, ils ne rient jamais, ils ricanent tant ils puent les milliards de trafics auxquels les a soumis un flot de bouches officielles, diplomatiques ou notoirement salopes. Nous sommes entraînés par un tourbillon organisé qui nous conduit fatalement à une régression en purée informe, traversée de particules élémentaires que nous serions devenus.

Il apparaît clairement qu'un peuple de créateurs n'est pas gouvernable. C'est donc l'instinct de conservation inhérent au gouvernement qui le fait l'agent, l'instrument du désœuvrement par alternance de travail servile, excessif ou même libre et de privation d'emploi, de chômage, tout ceci sur le marché aux libres opinions et à l'hyper-libérale domestication généralisée. Le pouvoir désœuvre tout ce qu'il touche. D'où l'infinie tristesse, la colossale puissance d'ennui, d'emmerdement cosmique, qu'il répand. Le pouvoir est l'atteinte au fondement, et même beaucoup plus, à la racine du droit de tout homme, de toute femme, de tout enfant : le droit d'être l'image, la ressemblance créatrice du Créateur.

Examinez le programme d'une seule journée de roi, d'empereur, de souverain, de président plus républicain que de la République : tout est organisé, minuté, calculé pour qu'il ne dispose d'aucun instant consacré à la pensée, à la fantaisie, à la création personnelle dont il est d'ailleurs incapable par nécessité de fonction. Songez donc. Il ne se doit qu'à son devoir, c'est-à-dire à son pouvoir, au pouvoir dont il a la perpétuelle obligation de faire la gueule officielle d'ennui mortel, même sous masque jovial. La nudité d'un seul visage sans masque de titre, de couronne, d'auréole, voilà le coupable d'atteinte à Sa Majesté la somme rayonnante, le sommet des gueules du pouvoir. Nous vivons tous en ce moment un simulacre, un faux-semblant, un faux-fuyant de vie qui n'est qu'une soumission générale au pouvoir, le pléonasme de la mort. Aussi le combat n'est-il plus celui de la vie et de la mort, mais bien du gouvernement conservateur emmerdeur de mort et de la création contagieuse incarnée en d'inépuisables créateurs. Bref, de la vie mortelle et de la vie éternelle.

POUR QUELLE RAISON

LE POUVOIR JALOUSE-T-IL À MORT LE VERBE EN CHAIR ET EN OS ?

TOUT SIMPLEMENT PAR INSTINCT DE CONSERVATION.

VI

LE POUVOIR JALOUX DU VERBE

Le résumé de ma vie tient en peu de mots. Un incroyable flot d'amitié, d'hommes, de femmes, de jeunes gens, de jeunes filles, d'enfants, petits garçons, petites filles. Et presque à la même hauteur, des vagues impressionnantes de jalousie dont beaucoup émanent de « mes frères » en religion. J'ai eu d'ailleurs l'occasion d'évoquer ce problème avec mon frère anglais Timothy Radcliff, lorsqu'il était jeune maître général de l'ordre des frères prêcheurs. Nous avons évoqué alors la grande pièce de William Shakespeare, *Othello*, la tragédie par excellence de la jalousie. Rappelons que le véritable jaloux, ce n'est pas Othello, mais Iago, l'un de ses lieutenants. Comment perdre la mémoire de l'aveu de l'inavouable ? D'un homme très beau, Iago dit cette formule à fantastique résonance : « Sa beauté m'enlaidit. » On pourrait aussi bien dire : son intelligence m'abrutit.

L'un aurait-il la beauté que l'autre n'a pas ? L'un aurait-il un don que l'autre n'a pas ? Fausse dialectique ! Parce que la beauté en soi n'existe pas. Personne n'est beau, on ne naît pas beau, on le devient par irradiation, rayonnement du potentiel de beauté, de bonté que l'on est. Personne n'est laid, mais il y a un terrible processus d'enlaidissement.

Le propre du jaloux, c'est de regarder toute beauté, toute éloquence, tout art convivial du partage fraternel comme un vol fait à sa petite personne qui, dans sa logique d'égotiste, devrait en avoir l'exclusive, le monopole. Le jaloux est blessé, ulcéré par toute manifestation chez autrui d'un bien que lui-même croit détenir et considère avoir en nue-propriété de droit divin. Il fait la confusion entre *avoir* un don et l'acte de *donner*. Exactement comme l'homme dominateur, le tyran conçoit d'avoir le pouvoir au lieu de libérer chez tous le génie potentiel de création jusqu'à rendre inutile le pouvoir. C'est ce qui m'a été reproché, d'être un tyran raffiné, quand un de mes frères les plus proches m'a dit : « Toi qui es le plus grand adversaire du pouvoir, tu ne te rends même pas compte du formidable pouvoir que tu exerces sur les autres ! » Tout le drame du monde est là : la récupération par le pouvoir et l'intérêt privé de tout acte de don gratuit. On en est même arrivé à soupçonner celui qui se livre à l'amour universel de ruser pour capter autrui. Et même, à considérer que celui dont l'être tout entier est au service du Verbe d'exercer le pouvoir sur les autres.

À un autre de mes jeunes supérieurs locaux qui me fuyait, je posais la question : « Est-ce que je te fais peur ? » Il me répondit « oui ». Et moi de rétorquer : « Mais pourquoi ? – À cause de ta culture. » Alors tout devient d'une clarté ahurissante : il ne voyait dans la culture, la puissance du Verbe, la force de sympathie, qu'un moyen d'écrasement. Comme si la parole n'était pas donnée à tout le monde et comme si elle se trouvait en régime de pénurie. Un autre allait encore me dire : « On dirait que tu es le seul à pouvoir parler. – Tu prends pour un monopole, ai-je répondu, ce qui est une contagion. Je ne te demande pas de faire du Cardonnel, mais de faire du *toi*, ce que tu t'obstines à refuser, à ne même pas entrevoir. »

Ainsi c'est le jaloux qui fabrique le doué, le héros, lui encore qui distingue ceux qui ont un don de ceux qui n'en ont pas. À ses yeux, la création n'est qu'une fabrication, et par conséquent une possession. Quand, au contraire, le don, c'est le pur acte de donner, au sens où, quand on me dit : « Il a des dons », je m'exclame : « Mais qu'il les donne ces dons ! » Tout le mal est là : mettre dans la catégorie de l'avoir, du savoir, du pouvoir, ce qui est le geste du don à tous, vierge de la moindre domination. Le jaloux cherchera toujours à plaire pour espérer égaler celui qu'il jalouse. Il fait le beau. Et c'est précisément ça qui l'enlaidit. Mais il va aussi chercher à écraser celui qu'il jalouse. Si la laideur n'existe pas, le processus d'enlaidissement est monnaie courante. Il se déroule mécaniquement au fur et à mesure que la jalousie remplace l'universel désir du partage d'inimaginable mise en commun sans frontières, de tout ce qui est beau, pur, rayonnant, libérateur, créateur.

Si je veux donner de l'épaisseur comique à mon personnage du jaloux, Louis de Funès en a réalisé l'imitation parfaite dans sa manière d'interpréter Harpagon, l'avare de Molière. Certains ont trouvé l'acteur outrancier comme si la réalité ne dépassait pas toujours la fiction. De Funès, en Harpagon, a trouvé un procédé, un truc extraordinaire : dès qu'il s'incline devant la gracieuse Mariane à laquelle il fait sa cour de vieux beau, jaillit de son fondement en éventail une superbe roue de paon. Le choix de la vie est très simple et ne vaut pas que pour le prêcheur : ou bien je fais ma cour et déploie ma roue de paon devant les autres ou bien je leur parle d'égal à égal pour que nous nous parlions en frères sans frontières, au féminin et au masculin. Simple, enfantin, à hauteur de la conviction anti-séduction. Ou bien je vis à ma surface, je m'artifice, je me fabrique, je me truque et me trafique ; ou bien je m'approfondis par recherche et rencontre permanentes des profondeurs d'humanité de tous. Pas de milieu !

Alors m'apparaît, émerge, plus qu'en lettres de feu, en buisson ardent, la vérité contredite par des siècles de préjugés. Teilhard de Chardin illustrait ceci avec ce classique et romantique quasi-alexandrin : « L'homme a émergé d'un long tâtonnement de la terre. » De même, le Verbe d'amour fraternel, universel émerge de son enterrement par l'Intrigant tout-puissant. S'il existe un fait majeur qui condense, résume tous nos siècles préhistoriques déguisés en histoire humaine, c'est bien celui-là : le pouvoir est jaloux du Verbe. Le pouvoir est jaloux de la Parole. Il n'admet, il ne tolère le Verbe que domestiqué, valet, bouffon, esclave en chef, contremaître du pouvoir. Par instinct de conservation, il veut mettre la Parole à son service, en faire l'instrument de son gouvernement. Il veut être la Parole, le sommet de la Parole, le roi. Une fois de plus et non certainement la dernière, je touche du doigt la vérité d'expérience de mon parcours d'orateur, d'homme libre fidèle au Verbe Fils de Dieu et, par là, Dieu lui-même, l'Unique, l'Infini. C'est par l'approfondissement de mon histoire personnelle singulière, donc libérée de ce qu'elle a de particulier, c'est-à-dire de mortel, que je me plonge pour ne jamais le quitter, dans l'immense courant insurrectionnel du Verbe d'amour fraternel universel. Cette plongée permanente me rafraîchit la mémoire, actualise un problème regardé à tort non seulement comme le type achevé de la question abstraite, dénuée d'intérêt, mais comme l'exemple parfait du faux débat, de l'interrogation ridicule : le sexe des anges – au pluriel. Derrière la quintessence de tout ce qu'il y a de magistralement oiseux, se cache l'énigme la plus brûlante : le péché de l'ange – au singulier.

De ma continuelle aventure de pensée, j'extrais ce fait qui m'est arrivé à l'île de la Réunion. Dans une famille amie, on m'avertit qu'un jeune homme voudrait me poser une question. Je l'écoute : « J'entends toujours parler de notre péché, du péché des hommes. Mais il y en a un autre dont il ne nous est jamais rien dit et qui a été commis avant, le péché de l'ange. Qu'est-ce qu'il a bien pu faire l'ange pour pécher ? » Cette question, je l'avais soigneusement étudiée dans mon cycle scolaire théologique, mais elle me revenait en force existentielle sur les lèvres de ce jeune Jean-Michel. Il existait une réponse conservatrice dans ma tradition thomiste : l'ange qui a péché et que tout le monde connaît sous le nom de Lucifer, « Porte-lumière », était et demeure depuis des siècles, l'ange rebelle qui se révolte contre Dieu pour s'approprier son pouvoir sur tout l'univers. Mais à cette interprétation, je préférais de longue date ce qu'en dit la tradition franciscaine puisée aux grandes sources du Poverello, le petit pauvre François d'Assise. Le péché de l'ange, du pur esprit sans mélange de chair, c'était le péché de jalousie à l'égard de l'homme. Quelle raison peut bien avoir l'ange lumineux d'être jaloux de l'être inférieur à lui, l'humain ? Mais voyons, si je pense jusqu'au bout l'histoire du péché de l'ange, le pur esprit est jaloux de l'homme à cause de l'incarnation de Dieu. L'interprétation dont je fais état est d'une importance telle qu'il faut la penser de manière actuelle, contemporaine, dans toutes ses implications humaines, intellectuelles, institutionnelles, cléricales. Car Dieu ne s'angélise pas, il s'humanise, il s'incarne. Ceci vient de ce que Dieu réduit à Dieu n'est pas Dieu. L'idée d'être Dieu à lui tout seul n'a jamais effleuré Dieu. C'est l'évidence. Un créateur ne fabrique jamais des créatures, mais il multiplie des égaux en création. Et c'est le contraire absolu du raisonnement de l'ange, non pas révolté mais conservateur de sa première place : il est indigné que Dieu ne suive pas la voie hiérarchique du cosmos en le court-circuitant et qu'il ait préféré les hommes aux anges. S'il veut être un peu autre chose que lui, Dieu, eh bien ! qu'il se fasse ange, que diable ! Mais se faire homme, non ! Se faire l'Adam, selon Teilhard de Chardin, le produit d'un long tâtonnement de la terre, le « glaiseux » comme traduit Chouraqui, je dirais moi le « bouseux » suspect de vouloir être partageux, c'est contraire à toute l'étiquette de la cour divine, contraire au protocole du Palais Bourbon, contraire à l'Éternel rivé à son Saint-Siège. Mais sacré bon dieu du tonnerre, se faire cette chose hybride mi-âme mi-corps (qui est l'homme), mais c'est violer par caprice inexplicable la grande loi d'immutabilité, de l'immunité de l'être, le plus élémentaire sens des distances nécessaires à l'administration, à l'ordre, au sage gouvernement de toutes choses ! Se faire homme, homme mortel et, pire, du commun des mortels avec risque de féminité, mais ça ne se fait pas, c'est une réduction ! C'est une amputation ! Une démission, une abdication ! Mais c'est une incitation à la révolution !

L'ange ne pardonne pas à Dieu de se commettre avec l'homme, et du même coup, de se commettre d'une invraisemblable mésalliance, d'un criant mauvais goût, avec toute la Création ainsi soustraite à son devoir d'État d'obéissance découlant de sa nature de dociles créatures ! Dieu se réduit même ainsi à la matière, aux soubassements, aux pires bas-fonds de Son œuvre. L'ange s'est toujours fait une idée si haute, si pure, si princière, si royale, si impériale, si souverainement pontificale, bref si divine de Dieu qu'il ne peut prendre son parti d'un tel abaissement, d'une telle mésalliance. Dieu manque à son devoir d'état de Dieu qui est de rester au sommet de la conférence des chefs d'État du monde entier

Le péché de l'ange, c'est d'être jaloux de l'humain, homme et femme, dans son intolérable promotion d'acteur principal de la Création, passant d'une Pâque ininterrompue – du rapport domination-sujétion à l'universelle subversion. L'ange, c'est un être d'ordre, un être hiérarchique pyramidal, que révolte la révélation du vrai Dieu d'anarchie créatrice. Du coup, tous les voiles de l'illusion gouvernementale, directoriale, dictatoriale du Temple, du Palais divin, se déchirent et commence la grande liturgie, la symphonie, la représentation de l'infini en acte universellement soulevant des vivants et des morts.

Cette jalousie animant les possédés du pouvoir, c'est bien ça le péché de l'ange conservateur qui fait à la fois le malin et la bête. Et on serait tenté de dire trop vite : « Qui veut faire l'ange fait le diable. » Or, s'il ne s'agissait que du diable, l'affaire serait trop simple. Il y a bien pire que le diable : le faux Dieu que véhicule toute une pseudo-tradition chrétienne, le faux Dieu auprès duquel le diable n'est qu'une figure du folklore médiéval, avec sa fourche, ses cornes, sa queue nettement dépassée en efficacité par les mille et une ruses, manœuvres et publicité, de la technologie sexualo-déiste. On peut dire que le péché de jalousie fait le faux Dieu des faux frères.

J'en reviens tout naturellement à ma propre histoire qui s'apparente comme une jumelle à l'épopée du péché de l'ange. Voici aujourd'hui plus de deux ans que je vis dans la stupeur. Dans l'effarement. Si l'on m'avait dit lors de mon ordination au pain rompu pour être partagé, engageant ainsi toute ma vie, que des individus parés du nom de frères me porteraient un tel coup bas et se rendraient coupables d'un délit de droit commun, cela m'aurait paru le comble de l'impensable. Et pourtant, ce fait a eu lieu. L'acte pirate, de forban devient aujourd'hui pour moi un véritable flash-back de cinéma. C'est la première fois que je vois ma vie en forme de film, comme je l'ai déjà évoqué. Mon expulsion du couvent dominicain de Montpellier joue désormais en vérité le rôle de démarreur, de détonateur du sens même de ma vie culminant dans l'incarnation du péché de l'ange.

Un mot me vient à l'esprit comme résumé, aide-mémoire de mon existence : « *Expulsus est sub Michaele M.* », « Expulsé sous Michel M. », qui s'inscrit dans une permanente actualisation du « *Crucifixus est sub Pontio Pilato* », « A été crucifié sous Ponce Pilate ». Certains diront, mais il se prend maintenant pour Jésus ! Mais voyons, c'est l'élémentaire de la foi. Comment à la manière du tout-venant je ne me prendrai pas pour lui alors qu'il s'est bien pris pour nous tous ? La crucifixion n'est que l'acte terminal de la somme théologique des expulsions continuelles du Verbe par la main visible du pouvoir aidée de la main invisible du marché. Ce sont toujours les incidents mineurs, le détail, le menu fretin de l'histoire officielle des guerres et des traités qui mettent en pleine lumière l'impensable conception de Dieu ou du dernier mot des choses à l'œuvre dans le déroulement de tous les faits.

Il en va ainsi de moi comme exactement de tout le monde. Je suis le témoin, l'élève, l'étudiant passionné de l'incarnation de Dieu pour la divinisation des hommes en humanité. J'ai vu, de mes yeux vu, à l'intérieur de l'espèce humaine, parmi les animaux raisonnables – définition de l'homme par Aristote à laquelle je préfère le « roseau pensant » de Pascal – ce que Jacques Maritain appelle « un clivage sous-spécifique » : l'animal religieux. L'animalité religieuse a pour caractéristique foncière de faire l'économie totale de l'humain et du cœur. Aussi loin que je me remémore l'attitude des dernières générations dominicaines, je ne me rappelle pas dans leur comportement quelque chose qui ressemblerait à un mouvement d'humanité, à un élan du cœur. Il est tout de même incroyable qu'en dépit de ma mémoire qualifiée souvent d'éléphant, je n'arrive pas à me souvenir d'une seule de leurs paroles qui m'ait frappé. On a tué la parole. Et qui a tué, crucifié le Verbe suscitant, ressuscité avant la mort ? Le pouvoir !

À chaque étape de nos rencontres, avec une insistance rigoureuse et amicale, je n'ai pas cessé de réclamer d'urgence et à long terme, un débat sur tous les problèmes : signification précise de notre vœu de chasteté ; réflexion sur la légitimité ou l'illégitimité du mariage dans la vie laïque et de sa possibilité dans les vies sacerdotales ; sur les pratiques inavouées mais réelles de l'homosexualité dans l'Église. Je retrouve alors ce qui avait fondé mon amitié avec le frère Timothy Radcliff, la force de constat de sa lettre : « J'ai parcouru les provinces de notre ordre et j'ai trouvé partout le silence non pas des contemplatifs mais de la peur du débat. » À chacune de mes invitations au débat, même à travers mes livres, mes lettres, mes conférences, mes prédications, il ne m'a été répondu en fin de compte que par le mutisme, le diktat.

Fort de ce constat, c'est toute ma problématique théologique qui surgit. Comme de Gaulle dans ses *Mémoires de guerre*, à l'occasion de son choix des blindés contre la routine, la paresse intellectuelle de l'état-major, je vérifie, à l'occasion d'un incident particulier, la nécessité d'une nouvelle et permanente vision du monde : « Je vérifiai à cette occasion, écrit de Gaulle, que la confrontation des idées, dès lors qu'elle met en cause les errements accoutumés et les personnes en place, revêt le tour intransigeant des grandes querelles théologiques. » La mise en cause des errements dont le monde a pris l'habitude, le pli sacré et le maintien privilégié, hégémonique du même personnage central, archi-usé, prédateur dans la succession mortelle de ses fugaces représentants : voilà le crime de lèse-majesté du pouvoir, commis par la parole dénonciatrice ! Et pour moi, il ne s'est pas agi d'une confrontation de mes idées avec d'autres idées, mais bien d'un affrontement de ma conviction fondamentale de frère prêcheur avec des réflexes, des préjugés, des humeurs de religieux.

Ma question sur l'exigence de maturité qu'impliquaient nos trois vœux de pauvreté – mise en commun de tous les biens, chasteté pour la folie de la prédication, adhésion au Verbe incarné – a été considérée comme indigne d'une pensée commune. Que dire alors de mon interrogation vitale à l'examen de confession que je faisais passer à trois de nos jeunes frères prêtres, en 1990 : « Est-ce que vous pensez qu'un homme ou une femme peut engager sa vie entière à partir du sentiment dont il croit être sûr au moment présent ? » Aucune réponse. De cette continuité dans la non-réponse, je déduis et j'induis que le vice de notre institution, c'est l'entretien de l'immaturité. Il est indécent que des existences entières se déroulent dans un infantilisme débouchant sur des scandales aujourd'hui devenus des secrets de polichinelle. Ce que j'analyse, étudie, réfléchis pour nos milieux ecclésiastiques et religieux n'est qu'un cas d'application particulièrement aigu du processus d'infantilisation de toute notre société. L'intelligence, la pensée sont définitivement passées de mode. Cette infantilisation, outre le fait qu'elle fabrique des pervers, conduit à la raréfaction des aventuriers de la pensée, d'orateurs vibrants de la parole chargée de sens. Il n'y a plus que des intellectuels et des aligneurs de phrases, professionnels au service soit d'une révélation ou d'une révolution tournant à la pire conservation précédée de mornes restaurations, soit d'un pur et simple affairisme battant pavillon de la libre entreprise. Si le ver solitaire du pouvoir a empoisonné, empoisonne toujours la révélation, il infecte tout autant la révolution pour le plus grand bénéfice et des rapports de domination et des rapports de compétition. On peut faire un grand nombre d'années d'études même couronnées par divers titres, diplômes, doctorats, de doctes travaux sans… penser. Aussi énorme que cela puisse paraître, il n'est pas vrai, il est même faux qu'étudier égale penser.

Une société anonyme par préjugé consensuel a tué la Parole. Du coup, le pouvoir, principe théorique et pratique d'étouffement de la

Parole, n'a pas cessé de flageller, de crucifier, d'écarteler le Verbe par instinct de conservation. C'est pourquoi l'ange, le péché de l'ange, loin d'être celui du rebelle, est bien le fait du Prince, le réflexe de monopolisateur de son Excellence angélique ! L'ange commet le péché de conservatisme. Le résistant, le subversif, c'est le créateur parce que le mouvement de création n'est autre que l'universelle contagion égalitaire. Dans ces conditions, le conservateur est rongé de jalousie à l'égard du créateur. Théologiquement, de manière constante, le venin du pouvoir dans ce qu'il a d'exigence inaccessible, d'immutabilité, d'incompréhensibilité totale par *le commun des mortels* a été poussé au paroxysme dans le dogme de la Trinité. Le principe absolu d'égalité des trois personnes divines – le Père, le Fils, le Saint-Esprit – a été littéralement perverti, travesti en son contraire, l'inégalité radicale du pire nom qui soit donné aux hommes et à la création, celui de créature. Le don absolu est devenu le pouvoir absolu. Le principe du soulèvement de toute la création a été avili en principe d'assujettissement de tous les vivants faits, fabriqués créatures. J'ai rencontré partout dans le monde la triple incarnation : l'incarnation de l'hypocrisie, de la méchanceté, de l'esprit d'intrigue ; ces trois faces de l'incarnation expriment l'unique qui est le pouvoir jaloux. Et, dans la même foulée, j'ai vu, de mes yeux vu, la Trinité infléchie en triumvirat : l'hypocrite en chef non pas engendre, comme dans la Sainte-Trinité, mais sécrète le méchant et tous les deux *spirent* (terme théologique signifiant *souffler en commun*) l'intrigant. Trois aspects ne formant qu'une seule réalité, la réalité du jaloux, de l'autosuffisant. Or, libérée du trafic dogmatique, la trinité est l'unique ressort, le seul stimulant de la nécessité divinisatrice inscrite au cœur de la création. Ou Dieu est principe de relation, ou Dieu est principe de domination.

Si Dieu est relation, s'il est vierge de tout pouvoir, le pouvoir dans l'histoire s'est toujours conduit en tueur du Verbe par jalousie. Pourquoi le pouvoir est-il jaloux du Verbe, du créateur, du penseur, d'une jalousie de mépris, de haine et de peur ? Parce qu'il se heurte à une capacité de sympathie attractive dont lui échappe totalement la cause. Il enrage de ne pouvoir la définir, la ranger, l'aplatir dans la seule catégorie qui lui soit *connaturelle* (terme théologique signifiant *affinité*) justement, précisément, avec le pouvoir. Le comble du crétinisme ontologique du pouvoir, c'est qu'il ne peut penser ou plutôt calculer qu'en termes de pouvoir. Cette découverte de l'importance, de l'impuissance du pouvoir et de la toute-puissance, je n'en ai rétrospectivement mesuré la réalité qu'au souvenir actualisé du propos de mon professeur de dogme : « Il est bon que la gazelle finisse dans la gueule du lion parce que les êtres inférieurs sont faits pour les êtres supérieurs. » Et par rapport à cette ignominie rebondit en ma mémoire, inséparable de mon inspiration, le mot atroce d'Ernest Psichari – le neveu d'Ernest Renan : « Il faut que nos humanistes chrétiens comprennent que les têtes noires sont faites pour porter les paquets et les têtes blanches pour penser. »

Pour montrer qu'il s'agit là du phénomène le plus criant de notre société mondiale, je citerai madame Bernadette Chirac. Très sincèrement, à la fois elle me repose et me donne à penser. Comment ne pas être encouragé dans mon goût des formules lapidaires expressives d'une conception de la vie, par ce trait inimitable ? Tous les jours, le président de la République ou chef de l'État dit à son épouse : « Bibiche, quelle chance formidable vous avez eu de m'avoir épousé ! » On ne peut que s'extasier devant ce chef-d'œuvre de délicatesse conjugale ! Et l'autre trouvaille présidentielle ne le cède en rien à la précédente : « Voyez-vous, bibiche, les uns sont nés pour commander, les autres sont nés pour obéir. »

Et toujours le flash-back, la remontée dans le temps à partir de mon expulsion finale. Précédant le grand cours de théologie spéculative et dogmatique sur les êtres inférieurs faits pour finir dans le ventre de leurs supérieurs, il y eut en première année dite philosophique, de petite logique formelle, l'affirmation, l'aphorisme de mon professeur de métaphysique – également dominicain –, l'un de ces esprits qui ont plus de plomb que d'ailes. « Souvenez-vous bien de la phrase d'extrême justesse : la plus belle fille du monde ne peut donner que ce qu'elle a. » Autrement dit, pour donner, il faut d'abord avoir. Ce n'est qu'aujourd'hui que je peux clamer la grande réponse : mais non, Jésus-Christ le Verbe dit tout le contraire. Rappelez-vous ou lisez l'histoire de l'apprentissage des disciples par l'observation des manières de donner. Regardez-les bien, les riches, ceux qui donnent ostensiblement de toute leur surabondance d'argent. Voyez venir maintenant la pauvre veuve qui donne à peine une piécette de rien du tout. Eh bien, c'est elle qui a infiniment plus donné que tous les riches réunis car c'est peu de dire qu'elle a donné de son nécessaire ; en latin, elle a donné « *ex indigentia* », de son indigence, de son manque. Car on ne donne toujours à plein que de son manque.

J'en déduis et induis cette triple évidence : à partir de tout, on ne donne jamais rien et l'on soupçonne le monde entier de terrorisme, de vouloir vous arracher la superpuissance ; à partir de beaucoup, on donne très peu ; à partir de rien, on donne tout. Voilà qui nous rappelle certainement quelque chose, donner de rien, mais c'est ça créer ! C'est l'opposé de fabriquer chichement de minables petits riens. C'est pourquoi le pauvre seul est créateur et, du même mouvement, le créateur seul est pauvre. Je dis alors à mon unique raison de vivre l'opposé absolu de la prière au grand patron du monde chrétien et même à la société des grandes religions qui supplient : Ô Toi, le Très Haut, daigne nous donner quelques-unes de Tes faveurs, de Tes grâces. Non, je lui crie sans cesse : Tu es Celui qui n'a rien puisque Tu es riche du seul lien. Tu es le liant donc Tu ne peux pas être ni le dominant ni le possédant. Le grand vivant, père du Verbe et donc notre Père auquel j'adresse un tel cri filial, c'est le même qui, dans l'Exode, dit la formidable boutade de la parole divine à Moïse : « Je vais endurcir, je vais épaissir le cœur de Pharaon. » Même mon cher grand ami Erasme a cru qu'il y avait ici l'action extérieure de Dieu sur le Pharaon. Non, Pharaon, César, le Fürher, le Caudiho, le Duce le pouvoir épaissit toujours le cœur de celui qui l'exerce ; il n'est pas besoin de Dieu pour épaissir le cœur du Pharaon ; son cœur s'épaissit tout seul ; d'autant plus que Dieu est la légèreté non frivole. C'est le pouvoir qui sécrète lui-même son propre épaississement. Il est d'expérience historique que le pouvoir rend con. Le pouvoir, c'est la mauvaise graisse, le tissu adipeux, le poids mort du monde.

Comment le pouvoir ne serait-il pas jaloux à mort du Verbe qui lui fait manifestement sentir son ridicule, son vide constitutif ? Ça, je l'ai toujours vu, de mes yeux d'acteur du Verbe. Le visage d'abord enthousiaste de l'admirateur passionnel du donné à la parole, et qui se met progressivement à se rétrécir, à jaunir. J'ai du coup devant moi, bien pire que la haine, la face haineuse de l'amour. Brusquement, une image ahurissante bondit hors de mes souvenirs et synthétise tout le titre de mon livre : *Verbe incarné contre sexe tout-puissant*. Cette image m'a fait fuir notre office liturgique : l'intolérable duo de Cupidon, d'homme à homme, faux bourdonné par le Don Juan du répertoire. Enfin, ma fratrie, où je n'ai vu en fait d'amour que l'amour-propre, m'a contraint à faire la grève de la faim eucharistique, à déserter les lieux où le pensionnat immolait le Verbe fraternel Jésus sur l'autel du pouvoir : la messe. Ce n'était plus le sacrement du don total mais son simulacre. Jamais le fameux baiser de Judas ne m'a paru aussi innocent, transparent de l'amour fraternel qu'à l'instant où mes frères me donnaient leur baiser avant la communion au corps sacramentel de Jésus-Christ. Ils ne savent, comme la structure même du monde, que baiser, impuissants qu'ils sont d'embrasser d'amour mutuel universel. Je prenais alors mes jambes à mon cou en direction de la salle de bains, me plongeais dans la baignoire où je renouvelais mes promesses baptismales, d'accord sur ce point avec Martin Luther : « C'est entendu, le vieil homme est mort dans les eaux du baptême, mais il nage rudement bien, le bougre. » Et je chantais à tue-tête les deux grands airs du film de René Clair *A nous la liberté* : « Vous qui demandez un emploi, dites-nous votre nom, votre âge, marquez l'empreinte de vos doigts, retournez-vous et marchez droit. » Et l'autre : « Il ne faut pas songer au mariage quand on est fait pour courir les chemins… » et à la place d'« en attendant d'être assagi… » en refusant « d'être assagi par l'âge, à nous, à nous la liberté ! »

Méditons pour finir, contemplons l'histoire merveilleuse du seul pape qui ait abdiqué, Célestin V. Dans le chef-d'œuvre que le grand écrivain italien Ignacio Silone lui a consacré, *L'Aventure d'un pauvre chrétien*, nous trouvons la parole qui dit tout. À ses frères moines, lui, libre des affres du souverain pontificat, tient le langage même du Verbe Jésus : « Mes frères, il est urgent de faire une grande pénitence pour arriver à la conversion. J'ai commis une grave erreur, j'ai cru que l'on pouvait se servir du pouvoir pour faire le bien. Or, on ne se sert jamais du pouvoir, surtout pour faire le bien. C'est toujours le pouvoir qui se sert de nous. »

NE JETEZ PAS VOS PERLES AUX COCHONS
DE PEUR QU'ILS NE LES PIÉTINENT ET QUE, SE RETOURNANT,
ILS NE VOUS DÉCHIRENT POUR VOUS BOUFFER.

Jésus-Christ, le prophète Jésus de Nazareth

VII

L'HEUREUSE NOUVELLE : NOUS NE SOMMES PAS DES MORTELS

A toutes fins utiles, je sens la nécessité vitale d'arracher à sa racine de poison le plus mortifère des lieux communs, si coupable du crime contre l'humanité qu'il prend l'allure doucereuse, candide, de l'irréfutable vérité première : nous sommes tous mortels ! Frappés de mortalité avant même de naître.

C'est la majeure du syllogisme qu'il serait indécent de nier, même de contester, la colonne vertébrale du raisonnement de l'homme normal : tous les hommes sont mortels. Et maintenant, la mineure : or Socrate – avec nous tous – est homme. Enfin, la conclusion logique : donc Socrate – avec nous tous – est mortel. Il m'a fallu longtemps pour me rendre compte que la prétendue objectivité du syllogisme n'était que le masque d'un parti pris de dévalorisation de tout l'humain. Sans toucher à la majeure, j'ai changé la mineure. À la place de Socrate, je mets Dieu et je dis : Dieu s'est fait homme, donc Dieu est mortel… Or si Dieu, dans une perspective de vérité, devient homme, ce ne peut être que pour arracher l'homme à ce foutoir de la mortalité.

Pourquoi donc l'homme se parquerait-il dans cet apartheid de mortalité ? Certes, la mentalité courante depuis la nuit des temps capitule, s'acharne à définir l'homme par ce qui le finit. Mais c'est bien précisément pour réfuter une telle énormité que Dieu prend le risque de se faire homme. Le vrai Dieu ne mortalise jamais. Il divinise ! Alors qui donc peut avoir intérêt à torpiller les implications du fait divin de s'incarner pour diviniser toute la création ? Mais le plus vieux métier du monde, le pouvoir ! Puisqu'il faut à tout prix diviser pour régner. Baudelaire a souligné subversivement le faux Dieu parqué tout seul dans son éternité en disant : « Dieu est le seul être qui pour régner n'ait même pas besoin d'exister. » Tous les dirigeants du monde de tous les siècles, au-dessus de l'existence, au-dessus de la vie, ont mis le règne, principe suprême du formatage, caricature de la formation qui elle est libératrice. Mais avant de parler de la formation créatrice, il faut décrypter, décoder le formatage.

Oui, nous sommes tous des formatés. Réduits à l'état de consommateurs, de vaches à lait, de sujets du fait du prince, de victimes de la peur de tout – y compris de nous-mêmes, y compris de nos lumières et de nos ombres, tous taillés dans la peur, tous des terrorisés de l'État-providence et du tout-marché. Tous des répétitifs de formules creuses : « Il faut savoir se vendre ! » ; et « vas-y de ton pouvoir d'achat » ; et « prépare ta retraite avec un pied dans la tombe » ; et « assure tes arrières » ; « n'oublie pas de prendre une assurance-vie » ; « cotise, cotise, cotise… » ; « il y a un seul article de foi dont tu peux être absolument sûr : c'est qu'à partir de demain, ce sera comme d'habitude » ; « et si par malheur tu cherches à comprendre, tu creuses ta tombe. »

Nous sommes les piégés du mot démocratie, les dupes, les falsifiés du pseudo-État de droit, les habitants d'une « république bananière » pour reprendre le constat de la juge Eva Joly. Avec ses abus de biens sociaux, ses écoutes téléphoniques, ses agents doubles, ses ventes de frégates, ses emplois fictifs, ses politiciens qui se font élire, s'accrochent à leur trône uniquement pour échapper à la justice… et j'en passe !

« Un polar généralisé » pour faire écho à Julia Kristeva. Un très mauvais polar, ai-je envie d'ajouter puisqu'il est fait de prévisibles coups tordus. À tous les niveaux de la société, de multiples agents d'exécution sont à l'œuvre pour que personne n'échappe au formatage, pas même les formateurs.

Mais qui sont-ils ces experts en formatage, qui sont ceux qui écrivent ce mauvais polar, animent cette société bananière ? Comment s'y retrouver dans ce pullulement d'auteurs à multiples degrés d'anonymat ? Mais ne nous laissons pas tromper, étourdir par ce labyrinthe. Avançons dans ses couloirs et les sentiers artificiels, suivons le fil d'Ariane : on flaire le salaud au centre de la toile d'araignée, il pue… Ce salaud caché qui tire les ficelles de toutes ses marionnettes, ce salaud, c'est le pouvoir ! Mais pas une idée abstraite du pouvoir – elle n'a jamais existé, il n'y a jamais eu un âge d'or du pouvoir. Un pouvoir avec de vraies tronches et même des tronches de tombes !

Tiens, restons concret ! Ce pouvoir, c'est celui qui m'a chassé de mon couvent ; c'est celui qui a poignardé mon livre, qui a rempli les sacs poubelles avec mes livres, qui m'a dit, depuis Toulouse, « au nom de l'obéissance et de la charité fraternelle, retire ta plainte » ; qui a perverti mes amis sensibles aux grands mots : « Il faut laver son linge mais en famille » ; « Souffre et meurs sans parler ! » ; « Porte ta croix » comme si la croix était la grande méthode de gouvernement. La quintessence du pouvoir – sous toutes ses formes : religieuse, politique, économique, militaire… –, c'est de nous vouloir et de nous faire mortels pour qu'il soit le seul à être éternel. Sa logique interne, c'est de fabriquer un univers infantile parce qu'il a peur du dévoilement de la réalité : sa nature mortelle de pouvoir.

Force nous est donnée de voir que la formation des clercs, faute d'être le centre de formation, mieux, d'apprentissage du Verbe, bascule dans le formatage. À la fois, l'Église catholique (catholique voulant dire en grec l'« assemblée universelle ») et l'université (signifiant en latin la « formation à l'universel » donc la « préparation des étudiants à l'universel ») sont l'une et l'autre la trahison effective et pratique de la signification même de leur nom. Elles manquent à ce pour quoi elles sont faites. Elles débitent en tranches, en matières, en disciplines diverses dépourvues de liens entre elles. Comme le pouvoir divise pour régner, l'Église et l'université éparpillent pour subsister. Et du coup, elles parcellisent, elles infantilisent ses membres, ses fidèles, ses étudiants, alors qu'elles avaient mission de les universaliser dans leur singularité infinie.

Il n'y a pas d'Église universelle, il n'y a qu'une Église romaine et des Églises particulières, fussent-elles réformées. Il n'y a pas d'université, il n'y a que des facultés juxtaposées. On fabrique ainsi des spécialistes, des mandarins, des experts qui savent une foule de choses sur très peu de chose. Et le tout se soldant par une carence absolue de finalité sauf la gloire du pouvoir. Le pouvoir ne peut jamais être fait pour le monde, c'est toujours le monde qui dans cette optique est fait pour le pouvoir.

Atomiser, briser l'universalité, c'est ça la nuisance. « Je nuis donc je suis » contre l'ampleur du réel, contre l'universel. Voilà le credo, la profession de foi, le cri de guerre du réalisme jusqu'à la realpolitik. Pour s'imposer, pour tout conquérir, pour être toujours davantage le pouvoir, le pouvoir a besoin d'avilir, d'abaisser le niveau, d'abrutir, de sectionner, de pan-sexualiser. Emmanuel Carrère le dit en termes définitifs. Il a publié dans *Le Monde*, connu pour son style d'officielle pudeur, une nouvelle intitulée : « De l'usage du monde. » Et là, je cueille la phrase lapidaire suivante, qui me laisse encore rêveur par son inégalable densité de perverse infantile pensée : « Quand il y a du cul on lit jusqu'au bout. » Quelle vertigineuse hauteur de vue ! Si on peut lire jusqu'au bout uniquement quand il y a du cul, c'est donc que lorsqu'il n'y a que du cœur, on ne lit qu'un petit bout ! Eh bien, nous sommes avec cet aphorisme en présence du dogme inavoué de toutes les rotatives des moindres salles de rédaction, des maisons d'édition de Paris, de France et de Navarre, voire de la planète tout entière. Le pouvoir infantilise et putanise. Le cul est nettement plus rentable, hautement compétitif et performant que le cœur. C'est l'arrière-fond, l'arrière-pensée des théoriciens praticiens de l'économie pan-sexuelle du marché.

Il devient évident que l'homme est fait, fabriqué progressivement ténébreux, obscur jusqu'à sa régression vers l'obscurantisme. Mes frères au masculin et au féminin, le pouvoir à l'intérieur de l'économie de marché nous fait vivre de plus en plus sous la dictature, sous le diktat du cul. Alors nous crions de toutes nos forces : « Nous ne sommes pas des culs, des têtes et des cœurs aplatis montés sur pattes par les bons soins de l'union matrimoniale du pouvoir et du profit. Nous ne sommes pas plus un bétail soumis à l'impératif de la transcendantale autorité que des animaux compétitifs. Nous allons tout de suite démentir l'idée éminemment lucrative et courante selon laquelle nos fondements seraient plus rentables que nos têtes et nos cœurs. »

Le pouvoir n'a jusqu'ici pu subsister, se conserver en place directoriale qu'à la faveur de la réduction historique de l'homme à ce qu'il a de plus sordide et de plus bas. Le sexe tellement discrédité, maudit par la puissance spirituelle – ceci pour détourner l'attention du principal ennemi, le pouvoir – qu'en compensation de salubrité publique, il exige sa déification absolue. Du sexe, l'unique objet de la malédiction spirituelle à la totale pan-sexualisation, il n'y a qu'un pas, vite franchi.

Alors qui va s'opposer à ce processus de désagrégation, de décomposition, de régression fœtale ? Le Verbe, mais pas le Verbe en soi, le Verbe fait chair, matière, jusqu'à retourner cette décomposition fœtale en radicale divinisation.

Oui, le Verbe éternel qui n'en peut plus d'être un mot en l'air, et qui devient le partisan du corps, de la chair alors que le pouvoir voudrait en faire son premier courtisan. Mais le Verbe refuse d'être courtisan parce qu'il est foncièrement partisan.

Du coup, le Verbe déchaîne contre lui la rage sacrée de tous les pouvoirs constitués, civils, militaires et religieux, de tous les valets omnipotents, les impotents, les impuissants d'une seule lueur du Verbe en verve dont ils sentent, eux, jaloux aussi hargneux que haineux qu'il finira bien par faire mordre la poussière au pouvoir d'immonde salaud du chiffre d'affaires des sociétés anonymes, nom mode dernier cri technocratico-sadosexy du prince de ce monde, autrement dit le diable. À force de vexations, d'humiliations qu'ils infligent à toutes les actualisations de l'unique Verbe fait chair, tous les corps constitués cherchent de façon constante et régulière à faire la peau à la parole anti-diplomatiquement incarnée. Mais y arrivent-ils, à lui faire la peau, que le Verbe leur fait un pied de nez : il n'y a rien en moi pour vous ; ma vie, personne ne me la prend, je la donne ! Qui plus est : quand les tueurs cherchent leur proie, ils trouvent le Verbe ressuscité. Ils ne s'étaient même pas aperçus qu'avant de l'avoir tué, le Verbe incarné était déjà ressuscité. Avant, pendant, après la mort !

Rien là de religieux ni de mystérieux. C'est purement et simplement laïc. Il me revient à la mémoire qu'un pasteur protestant, dont je regrette d'avoir oublié le nom, a lancé ce cri que je fais mien : « Dieu est laïc, l'homme hélas est religieux. » Il voulait dire que Dieu est universel et ne peut donc être enfermé dans une catégorie, fût-elle religieuse ; par contre, l'homme s'est manifesté historiquement comme un fabricateur de religion. Dans la même foulée, je déclare : « Le Verbe est laïc, le pouvoir toujours est religieux. » Rien de mystérieux pas plus que de religieux. Le mystère ne commence et ne s'épaissit qu'avec la bestialité humaine, la méchanceté religieuse, dont l'innocent animal n'a pas plus l'idée perverse que Dieu. Il n'est plus possible d'appeler mystère l'innocence de Dieu, puisqu'elle est l'évidence créatrice, l'unique réalité. Le Verbe est éveilleur, libérateur, créateur, formateur…

C'est à la lumière de ce constat universel que je suis en mesure d'établir mes douze chefs d'accusation du pouvoir mortel coupable de crime contre l'humanité du Verbe universellement fraternel. Je veux montrer qu'il y a un décalage entre la doctrine, les actes de l'Église et la parole même de Jésus.

1. « Vous le savez, ceux qu'on regarde comme les chefs d'État et des nations font sentir aux peuples leur pouvoir et les grands mettent les petits sous leur domination. Il n'en est pas ainsi parmi vous. C'est même le contraire : si quelqu'un veut être grand parmi vous, qu'il devienne votre serviteur. Et si quelqu'un veut être le premier parmi vous, qu'il devienne l'esclave de tous… » (Marc, X, 42-44). On ne peut être plus clair. Cela saute en pétillant à tous les yeux. Le Verbe ne dit pas qu'ils *sont* les chefs d'État, des nations mais qu'on les *regarde* paresseusement comme ayant droit à ce titre-là… Alors, d'où vient qu'en contradiction flagrante avec la Parole incarnée, le pape ait pu oublier son unique et glorieux titre évangélique de serviteur des serviteurs de Dieu jusqu'à se laisser abaisser au rang de chef d'État ? Le grand polémiste catholique, disciple de Jésus, Henri Guillemin, a bien mis le doigt sur la plaie du pouvoir en écrivant : « Le pape est inconsolable de n'être plus ce qu'il n'aurait jamais dû être. » Le Verbe incarné au cœur du trio créateur, appelé couramment la Trinité, le Père, le Fils et le Saint-Esprit, personnes égales sans hiérarchie, nous montre que la notion même de primauté, fût-elle romaine, est une idée de primate !

2. Si un homme a cent brebis et que l'une d'entre elles vienne à s'égarer, ne va-t-il pas laisser les quatre-vingt-dix-neuf autres dans la montagne pour aller à la recherche de celle qui s'est perdue ? Et s'il parvient à la retrouver, en vérité, je vous le déclare, il en a infiniment plus de joie que des quatre-vingt-dix-neuf qui ne se sont pas perdues (Mathieu, XVIII, 10-14). « Car il y aura fête beaucoup plus étourdissante dans le

ciel pour un seul pécheur qui se transforme », même pour une seule grande canaille, « que pour quatre-vingt-dix-neuf justes et honnêtes qui n'ont aucun besoin de transformation. » (Luc, XV, 12-14). Depuis les croisades et la sainte Inquisition de la foi qu'animait l'ordre dominicain, l'Église romaine substitue à la *recherche* de la brebis perdue, la *traque* de la brebis galeuse.

3. « L'Infini Dieu dit : Créons l'humain à notre image et ressemblance créatrice. L'Infini Dieu crée l'humain à son image créatrice. À l'image créatrice de l'Infini Dieu, il le crée : homme et femme il les crée », en promesse d'humanité (Genèse, I, 26-27). Voilà ce qu'infléchit, contredit, invertit, pervertit, travestit toute une tradition à façade théologique, en réalité purement métaphysique et même sèche, brutale scolastique d'ontologie. J'en vois l'illustration la plus significative dans le petit livre, *Je vis la foi au Fils de Dieu*, du religieux dominicain Serge-Thomas Bonino, directeur de *La Revue thomiste*, régent des études du couvent de Toulouse. Je mets en relief la phrase-clé de l'ouvrage : « La foi nous dit sans fard ce que nous sommes devant Dieu… » Rien. C'est moi qui ramène à un seul mot toute la pensée de l'auteur qui poursuit en citant le dialogue de sainte Catherine de Sienne avec Dieu : « Je suis Celui qui est, dit le Seigneur Dieu à sainte Catherine de Sienne. Tu es celle qui n'est pas. » Mais c'est incroyable ! La contradiction absolue du « Créons l'humain à notre image et ressemblance créatrice… l'Infini Dieu crée l'humain à son image créatrice. » C'est là que j'attaque sans aucune diplomatie d'ontologie. Il ne peut y avoir plus énorme reniement, plus flagrante trahison du Verbe, de la Parole. Infamie que cette caricature : remplacer le lien d'amour du Créateur avec son image et ressemblance créatrices, soit l'homme et la femme en voie d'humanité, par le rapport du tout au rien. C'est ça le péché, le blasphème contre le souffle d'innovation qu'est l'Évangile, la bonne, l'heureuse nouvelle de la Création vierge d'absolument toute idée de primate du pouvoir. C'est ça le double péché originel de la sainte alliance des hommes bornés à l'homme phallocrate et de l'ange théocrate ainsi fait diable par jalousie haineuse du Verbe fait chair. Les déistes de tout poil ne peuvent pardonner au vrai Dieu de n'être ni le Verbe ni de se faire chair justement parce que le Verbe ne peut supporter d'être mot en l'air.

4. « Si ton frère vient à pécher contre toi, va d'abord lui parler, dis-lui tout ce que tu as sur le cœur seul à seul. S'il t'écoute, tu auras gagné ton frère. S'il ne t'écoute pas, prends encore avec toi une ou deux personnes comme témoins afin que toute l'affaire soit réglée sur la seule foi en la parole. S'il refuse de les écouter, dis-le à la communauté de l'Église et s'il refuse d'écouter même l'Église comme assemblée fraternelle, qu'il ne soit plus pour toi », non pas qu'un païen (*paganus* : paysan) mais « qu'un des *goyim* », c'est-à-dire un perdu dans les nations, un national, un nationaliste parmi les *gentes*, les gens, contraire du catholique, du frère universel, « et qu'un publicain », c'est-à-dire un collecteur d'impôts, un financier (Matthieu, XVIII, 15-17). Eh bien ! De tout ce que je viens de faire plus que citer, mon couvent, ma province dominicaine, souvent mon ordre et structurellement l'Église romaine n'en ont jamais rien fait. Ils ont même fait le contraire. Au lieu de venir me parler seul à seul, face à face, en tête à tête, en cœur à cœur, ma fratrie religieuse m'a mouchardé, m'a cafardé auprès des autorités. Ce n'est tout de même pas ma faute s'il n'est pas une seule de mes prédications du Verbe de Dieu, Dieu lui-même qui ne soit un désaveu de la pratique habituelle d'Église, d'État et du monde mondain. Je n'ai trouvé le comportement évangélique qu'exceptionnellement, comme chez le vrai frère prêcheur, Marie-Dominique Chenu, l'un des très rares auxquels je pouvais dire d'un cœur filial « mon père ». Celui qui m'a toujours encouragé et devait le dire aussi bien à ma mère : « Dites-lui de continuer contre vents et marées. » Il était bien tel que le décrivait une femme du peuple : « Ce père Chenu, il est si intelligent qu'il n'en a pas l'air. » Il est ahurissant que j'aie trouvé l'opposé absolu du génie fraternel du père Chenu dans le milieu conventuel qui m'a toujours refusé le débat. Au lieu de la franchise du Verbe, je n'ai connu que la fourberie ecclésiastique dont le cardinal Mazarin écrit la formule définitive : « Rassure-toi quand quelqu'un te hait. Car la haine, à la différence de l'amour, n'a aucune hypocrisie. » Ça, je n'aurais jamais pu l'imaginer ! L'amour, expression hypocrite de la haine liée à l'appétit de pouvoir. Je te hais, quelle franchise ! Je t'aime, moi non plus, Tartuffe !

5. Alors Pierre s'approche et lui dit : « Seigneur, quand mon frère commettra une faute contre moi, combien de fois lui pardonnerai-je ? Jusqu'à sept fois ? » Jésus lui répond : « Je ne te dis pas jusqu'à sept fois

mais jusqu'à soixante-dix fois sept fois » (Matthieu, XVIII, 21-22). Eh bien là, ma parole ! Je pense à une lettre publique signée par une centaine de laïcs participant depuis des années à la liturgie dominicale : ils réclamaient un débat sur l'orientation théologique du couvent et finalement après qu'un nouveau prédicateur eut osé dire en chaire que – je cite textuellement : « Les signataires de cette lettre ne sont que de petits cons et moi encore plus con de l'avoir lue ! » À la suite de quoi, ces croyants de Jésus-Christ choisirent de quitter l'assemblée dominicaine pour former leur propre groupe et pour depuis célébrer l'eucharistie domestique, autrement dit dans leurs foyers. « Mes frères » en religion ont fait de même avec mes demandes réitérées de débats. Au lieu d'en discuter, exactement comme pour la lettre et dans toutes les circonstances similaires, je les ai vus se venger soixante-dix fois sept fois. Je ne les ai jamais vus pardonner une seule fois.

6. « Dans quelque ville où vous entrez et où l'on vous accueillera, mangez ce qu'on vous offrira. Guérissez les malades qui s'y trouveront et dites-leur : le rayonnement de Dieu est arrivé jusqu'à vous. Mais dans quelque ville où vous entrez et où l'on ne vous accueillera pas, sortez sur les places et dites : même la poussière de votre ville qui s'est collée à nos pieds, nous l'essuierons pour vous la rendre… Je vous le déclare : au jour du rayonnement de Dieu, Sodome sera traitée avec moins de sévérité que cette ville-là. » (Luc, X, 8-12). Pour ma part, ce n'est pas sur une ville, Montpellier, c'est sur le lieu d'où l'on m'a chassé que j'essuie, pour la lui rendre, la poussière conventuelle qui s'est collée à mes pieds… Je vous le déclare, au jour du rayonnement de Dieu, Sodome sera traitée avec moins de rigueur que ce couvent-là.

7. « Ils étaient assidus au déroulement de la Parole par les apôtres et à la communion fraternelle, au partage du pain et aux prières. L'étonnement, la surprise gagnait tout le monde : beaucoup de prodiges et de signes s'accomplissaient par les apôtres. Tous ceux qui croyaient mettaient tout en commun. Ils vendaient leurs propriétés et leurs biens pour en partager le prix entre tous selon les besoins de chacun… » (Actes des Apôtres, II, 42-45). « La multitude de ceux qui étaient devenus croyants n'avait qu'un cœur et qu'une âme et nul ne considérait comme sa propriété l'un quelconque de ses biens ; au contraire, ils mettaient tout en

commun. Une grande puissance marquait le témoignage rendu par les apôtres à la résurrection du Seigneur Jésus et une grande grâce était à l'œuvre chez eux tous. Nul parmi eux n'était indigent : en effet ceux qui se trouvaient possesseurs de terrains ou de maisons les vendaient, apportaient le prix des biens qu'ils avaient cédés et le déposaient aux pieds des apôtres. Chacun en recevait une part selon ses besoins. » (Actes des Apôtres, IV, 32-37). À coup sûr, il ne s'agit pas d'idéaliser la première communauté apostolique de Jérusalem mais de ne jamais perdre de vue l'exigence de vie commune et de l'incarner jusqu'au point où elle deviendra, plus loin que l'Église pas encore nommée, le fait, l'évènement, l'utopie réalisée de toute l'humanité. Il n'y a qu'un signe de la foi en Jésus : c'est la mise en commun historique d'absolument tous les biens qui incarne Jésus comme nom de résistance de Dieu lui-même – à l'égoïsme, à la privatisation, à l'accumulation du capital. Mais alors, quelle chute des Actes des Apôtres aux actes du chapitre provincial de Toulouse – décembre 2001-janvier 2002 ! Sous le titre de l'une des dernières parties du texte de l'assemblée provinciale tenue dans l'Aude, « Statut de la province de Toulouse des frères de l'ordre des prêcheurs élaboré par le chapitre spécial de 1969, révisé par les chapitres provinciaux de 1984, 1988, 1992, 1997 et 2001 », je découvre : « La mise en commun : chaque frère doit rendre à son supérieur un compte précis et régulier de ses recettes et dépenses. » Ainsi donc, le grand projet concret de la mise en commun de tous les biens est ramené à la réalité brutale du rapport de l'inférieur à son supérieur. C'est tomber de l'Évangile, c'est-à-dire la Bonne Heureuse Nouvelle, dans l'ornière des tristes sociétés humaines où les uns sont gouvernants, les autres sont gouvernés, où les uns sont dirigeants, les autres dirigés, où les uns sont exploiteurs, les autres exploités, où les uns baisent, les autres sont baisés. Rien n'a changé, rien ne commence, tout continue à perte de vue. C'est toujours dans la logique du Dieu métaphysique ontologique tel que le régent des études dominicaines toulousaines le conçoit. Rappelez-vous : « La foi nous dit sans fard ce que nous sommes devant Dieu » ; « Je suis celui qui est, tu es celle qui n'est pas, dit le Seigneur Dieu à sainte Catherine de Sienne. »

Vous avez bien entendu ? Décidément, je ne m'y habitue pas et je ne m'y habituerai jamais. L'acte de laver les pieds comme signe sensible, parlant, éloquent d'éloquence invincible du renversement de tous les rapports humains, la tête du Rabbi, du maître spirituel éveilleur des consciences donc anti-chef, se mettant aux pieds des sujets ainsi sacrés maîtres de leurs souverains seigneurs, tout ça, foi de l'être métaphysique, c'est du fard, du maquillage, de la littérature, une vague manière de parler sans plus, le gant de velours. Mais dessous, l'unique réel, la main, la poigne de fer ontologique, plus forte que l'ordre du supérieur et de l'inférieur, la personne d'un côté, ses choses non pas de l'autre côté mais au plus bas. Le tout et le rien. La pratique du pouvoir refluant sur la métaphysique, l'ontologie sacrée du Dieu de la toute-puissance et la théorie du maître absolu descendant par la médiation de ses représentants courtisans, favoris mignons vers les soumis à la raison d'État, au bon plaisir de Dieu. Je les ai vus plus qu'à l'œuvre, au sale boulot, les courtisans favoris mignons du gros salaud maquereau Très-Haut, la plus grossière caricature de notre Père. Je les ai vus appliquer froidement leur doctrine qu'ils faisaient chaque fois plus cynique : nous, jeunes de notre temps, rien que de notre temps, nous avons tous les droits, par certitude métaphysique de l'Être du Dieu dans sa transcendance, j'y suis, j'y reste. Vous les universalistes ressuscités, vous les soixante-huitards de Vatican II, les vieux périmés, vous n'avez aucun droit ! Mais vous n'avez pas encore vu et lu le plus écœurant. D'abord écoutez… Écoutez la Parole de rage absolue du non radical à l'intolérable partout toléré, même encouragé, grassement payé.

8. « Les disciples s'approchent de Jésus et lui disent : qui donc est le plus grand dans le Royaume des cieux ? Appelant un enfant, il le place au milieu d'eux et dit : en vérité, je vous le déclare, si vous ne changez pas de fond en comble et ne devenez pas comme des enfants, vous n'entrerez jamais dans l'immense festival des cieux. Celui-là donc qui se fera petit comme cet enfant, voilà le plus grand au festin convivial des cieux. Qui accueille en mon nom un petit comme celui-là m'accueille moi-même. Mais quiconque provoque la chute d'un seul de ces petits qui croient en moi et le scandalisent, massacrent son âme, ravagent son corps tout animé, il vaut mieux pour lui qu'on attache autour de son cou une grosse meule et qu'on le précipite dans l'abîme de la mer. » (Matthieu, XVIII, 1-6). Autant dans mon *Judas l'innocent*, je dénonçais le plus terrible des faux versets selon moi, donc verset satanique, celui faisant de Judas le Juif promis aux

fours crématoires : « Le Fils de l'Homme s'en va selon ce qui est écrit de lui. Quant à l'homme par qui est livré le Fils de l'Homme, mieux eût valu pour lui n'être jamais né » (Matthieu, XXIV, 24, et Marc, XIV, 21); autant je trouve criant de vérité cette fois le déchaînement de la Paroler incarnée à l'encontre de ceux qui scandalisent les petits, les violeurs d'enfants, les tueurs des rêves de ces petits croyants.

Faut-il alors que les rédacteurs des Actes du chapitre provincial dominicain de Fanjeaux dans l'Aude, du beau pays des Cathares, n'aient rien compris, ni rien lu, ni rien entendu, ou pas davantage saisi, réalisé une seule parole du Verbe en personne sur le crime contre le rêve d'humanité du plus petit parmi les enfants pour avoir osé écrire à la section « Statut de la province de Toulouse des frères de l'ordre des prêcheurs, élaboré par le chapitre spécial de 1969, révisé par les chapitres provinciaux de 1984, 1988, 1992, 1997 et 2001 », sous le titre global « Première distinction – La vie des frères – La pauvreté, la chasteté » et cela dès la première page et sans autres allusions à la chasteté : « S'il advenait que des supérieurs soient avertis de violences sexuelles de nature criminelle ou d'abus sexuels sur des mineurs de la part d'un frère, ils s'enquerront dans les plus brefs délais des éléments de crédibilité des informations reçues. En liaison avec le prieur provincial, étant sauf le respect de la loi qui oblige à dénoncer les crimes, ils procéderont selon les règles du Saint-Siège, de l'épiscopat de France et de la conférence des supérieurs majeurs. Ils agiront tant auprès des victimes et de leurs civilement responsables que du frère lui-même selon la justice et la charité. Toutes les pièces seront mises dans les archives secrètes de la province. »

N'envisager, au chapitre de la chasteté, comme seule possibilité, que celle d'un frère violant criminellement un enfant au lieu de croire à la seule hypothèse évangéliquement croyable, à savoir la fraternisation urgente de toute l'humanité, il fallait le faire. Eh bien, c'est fait !

Là, je l'avance hautement, humblement, à en crier à profusion, je suis terrassé, plongé de mort définitive, dans la tristesse infinie. Mais au sens de la Passion non point passive mais agissante. Avec le texte ci-dessus cité des Actes du dernier chapitre de ma province dominicaine toulousaine, je découvre la quintessence de l'abjection transcendantale. J'ai dans la peau et les nerfs exacerbés, la douleur sans fond des millions de petits garçons et de petites filles violés, quelquefois par des mains consacrées au sacrifice de l'innocence absolue. Et que l'on ne me dise pas qu'il s'agit de cas isolés. « Assailli de procès pour pédophilie le diocèse de Tucson en Arizona dépose son bilan », titre en page internationale *Le Monde* du 24 septembre 2004. Et ces lignes encore : « Croulant sous les demandes d'indemnisation, Mgr Gerald Kicanas a opté pour la mise en faillite comme, avant lui, l'évêque de Portland (Oregon). L'archevêque de Boston a dû vendre sa résidence. »

Alors, combien faudra-t-il d'enfants violés par des prêtres pour que l'Église tout entière fasse autre chose qu'un recours à des procédures, à des archives et pire encore, secrètes ? Combien faudra-t-il d'enfants souillés pour que l'Église comprenne que le ver est dans son fruit ? Jésus pardonne des fautes réelles surtout commises contre lui. Mais s'agissant de scandaliser un seul de ses petits qui croit en lui, de détruire son rêve, l'élan constitutif de sa personne, Jésus ne parle plus du pardon mais de châtiment, il pense que mieux eût valu jeter au fond de la mer l'auteur de ce crime. Mais a-t-il en tête la forme la plus abjecte du scandale, à savoir un de ses petits, touché, caressé, pénétré, lui auquel sont promis en priorité les Cieux nouveaux et la Terre nouvelle ? Cette abomination, Jésus, qui est prophète, n'en a sans doute jamais imaginé la possibilité de la part d'un seul des siens, se réclamant de son nom!

L'horreur du crime de pédophilie dépasse l'idée même d'un châtiment qui lui serait proportionné. Le crime contre l'enfant décourage aussi bien le pardon que le châtiment. Ça veut dire que l'atteinte à la chair de l'enfant est identiquement le crime de blasphème contre l'esprit. Car rappelons-nous la parole de Jésus : « Tout se pardonne sauf le blasphème contre l'esprit. » Sauf le crime contre l'enfant.

9. « Scribes et pharisiens, hypocrites, guides aveugles qui filtrez le moucheron et avalez le chameau. Maudits êtes-vous, vous qui purifiez le dehors de la coupe et du plat alors que l'intérieur est rempli de fruits pourris de vos trafics d'influence, de vos rapines, de vos pirateries. Vous qui tuez les prophètes et ensuite leur bâtissez des tombeaux. Hypocrites, vous qui ressemblez à des sépulcres blanchis, votre façade est brillante, mais au-dedans, vous n'êtes que pourriture et charogne… Vous témoignez contre vous-mêmes, vous êtes les fils de ceux qui ont assassiné les prophètes. » (Matthieu, XXIII, 25-31).

L'hypocrisie chrétienne, cautionnant le Code noir qui, au XVIIe siècle, réduisit le nègre à un bien meuble, fait comme si les paroles terribles du Verbe incarné s'adressaient aux juifs du temps de Jésus. Non, elles visent directement la fratrie chrétienne issue de la Curie romaine. Écoutez bien le Verbe, ce qu'il n'est possible de faire qu'en le devenant soi-même : malheur à vous, scribes et pharisiens hypocrites qui filtrez le plus petit spermatozoïde qui ne va pas tout droit à son devoir reproducteur de la famille, et qui avalez sans un hoquet l'énorme chameau du crime contre l'enfant, du crime contre l'humanité, du crime contre les innombrables saints innocents et prophètes. Car que de murmures méprisants proférés à l'endroit des prophètes ! « Prophète, mon cul ! » vocifera un de mes faux frères devant une femme membre de notre communauté chrétienne après qu'il eut reçu un message des États-Unis l'accusant d'être un « assassin de prophète » au lendemain de mon expulsion. Je tire de cet épisode une loi psychosomatique universelle : dis-moi ce que tu te mets au cul et je te dirai qui tu es ! Incontestablement, mon faux frère met à son cul le prophète. Moi je mets au mien le pouvoir et l'argent ! Toute la puissance de crachat du Verbe s'augmente du constat que Jésus formulait déjà voici au moins deux mille ans : il n'est pas d'exemple d'un seul prophète compris par sa patrie et sa fratrie.

Et devant l'hypocrisie qui entoure tous les scandales de crimes contre l'enfant au sein de l'Église elle-même, si j'écris parfois burlesquement et même crûment, c'est pour ne pas étaler le torrent de mes larmes, l'océan de mes sanglots comme mon cher Ivan Karamazov s'écriant : « Je refuse l'harmonie finale obtenue au prix des larmes d'un seul enfant. » Et avant comme après Ivan Karamazov, il y a eu des milliards de larmes de petits garçons, de petites filles auxquels fut infligée une solution finale à décourager toute harmonie terminale. Comment, nous accepterions qu'il y ait eu, qu'il y ait encore, qu'il y ait toujours, de plus en plus, l'utopie de l'horreur comme trame réaliste du Réel – et nous n'envisagerions pas de travailler jour et nuit à l'avènement de l'utopie d'humanité chaleureuse comme unique réalité !

10. « À la dernière apparition de Jésus ressuscité, à la veille de l'Ascension, les apôtres étaient donc réunis et avaient posé cette question à Jésus : Maître, est-ce maintenant que tu vas rétablir le royaume, la royauté

en Israël ? » (Actes des Apôtres, I, 6). Je suis littéralement ahuri de cette question des apôtres à Jésus. La Résurrection leur crève les yeux, et ils parlent de restauration, ils rêvent de royauté, de retour au passé et non d'humanité fraternelle à construire. Eh bien ! Par fidélité à l'exigence de vérité de Jésus – « Je suis la voie, la vérité, la vie » – je dois et j'ose affirmer que prendre la Résurrection pour le moyen d'imposer la restauration, c'est très exactement le péché de l'actuelle Église romaine.

Jusqu'où la Curie romaine romanisante ne va-t-elle pas remonter dans le passé pour bloquer le présent et interdire le passage, la Pâque du Dieu du buisson ardent qu'exacerbe Jésus-Christ s'époumonant à crier encore : « Je suis venu allumer un feu sur la Terre et je n'ai qu'un désir, qu'il brûle ! » Nous sommes revenus au vieux Concile de Trente et les narines commencent à sentir l'odeur des bûchers de l'Inquisition rallumés par la scolastique et le fondamentalisme réunis.

Bientôt nous n'aurons plus, si tout continue et recommence sans fin, que le choix entre deux formes de Reconquista, celle de l'islamisme et celle du christianisme, chacune des deux se nourrissant de la haine de l'autre, avec au milieu, au centre sacral impérial, un sionisme chrétien anti-Jésus de superpuissance d'États-Unis sans nations unies, étouffeur à la fois du vrai peuple nord-américain et du grand judaïsme non israélien des prophètes d'Israël. C'est un vrai complot, un coup d'État permanent fomenté, perpétré par les incultes, les analphabètes du coup de théâtre interrompu de la Parole incarnée, exposée, clamée, proclamée, arrêtée, clouée au bois, soulevante, ressuscitée avant la mort, après la mort.

11. Ils arrivent de l'autre côté de la mer au pays des Géraséniens. Comme il descendait de la barque, un homme possédé d'un esprit impur vient aussitôt à sa rencontre, sortant des tombeaux. Il habitait dans les tombes et personne ne pouvait plus le lier, même avec une chaîne, car il avait été souvent lié avec des entraves et des chaînes, mais il avait rompu les chaînes et brisé les entraves et personne n'avait la force de le maîtriser. Nuit et jour, il était sans cesse dans les tombes, les cimetières et les montagnes poussant des cris et se déchirant avec des pierres. Voyant Jésus de loin, il courut et se prosterna devant lui. D'une voix forte, il crie : « De quoi te mêles-tu, Jésus, Fils du Dieu Très Haut ? Je t'adjure par Dieu, ne me tourmente pas. » Car Jésus lui dit : dehors, décampe, taille-toi, lâche

cet homme, sors de lui, esprit impur, souteneur de la dégueulasserie transcendantale, sinistre plagiat, image retournée du Dieu vivant ! (Une fois de plus, je traduis librement de l'araméen.) « Il l'interrogeait : Quel est ton nom ? Il lui répondit : Mon nom est légion, car nous sommes une armée innombrable. » (Marc, V, 1-9).

Mais ne manquez pas de lire ceci aussi dans les versions à la fois différentes et convergentes de Matthieu, VIII, 28-34 et Luc, VIII, 26-39. Je relis toujours cette histoire pour la première fois. C'est par calcul gouvernemental que l'Église romaine et même le christianisme ont organisé le silence, le mutisme sur la principale action de Jésus, indissociable des guérisons : la chasse anti-chasse à courre, l'unique chasse juste, au démon. Holà ! Tous les amis et même surtout les ennemis, écoutez bien et décryptez, décodez le nom codé du démon. Comment t'appelles-tu ? J'ai nom « légion », car nous sommes l'armée innombrable – nous ne sommes qu'au pluriel mais avec un chef unique. Les pères de l'Église ont ergoté sur le péché du multiple philosophiquement démoniaque, satanique, diabolique alors que le sens authentique crève les yeux du pire des aveugles volontaires. Quand je pense que l'Église dite catholique a nommé dérisoirement un exorciste spécialisé par diocèse alors qu'il n'y a qu'une vocation laïque des disciples du Verbe incarné : exorciser, libérer le monde entier de son salaud d'occupant, le démon du pouvoir très concrètement incarné par l'armée colonisatrice, pseudo-civilisatrice, esclavagiste, la « légion » romaine. Aucun homme, aucune femme, aucun enfant ne peut s'y tromper quand il lit sans œillères cléricales l'heureuse nouvelle du Verbe en verve dans Matthieu, Marc et Luc. C'est là que commence le mystère obscur. Comment l'Église a-t-elle pu devenir romaine quand lui crevait les yeux le seul ordre donné par le Verbe d'autorité : démon muet, qui réduit l'humanité au mutisme depuis la nuit des temps, esprit impur, rabatteur d'éphèbes et de donzelles sur tous les trottoirs, dégage, taille-toi, fous le camp, sors à jamais de l'homme, de la femme, de tous les petits enfants que tu écrases sous le poids de ton obscène toute-puissance ?

Mais d'évidence parce que l'Église a eu et a toujours peur de devoir s'appliquer à elle-même ce seul ordre, parce qu'elle se croit, l'Église, une, sainte, catholique, apostolique, mais hélas ! elle est d'abord et toujours « romaine ». Esprit impur, démon de pouvoir, sors de mon Église que tu occupes, que tu possèdes depuis ses origines. Et vous, mes amis, mes frères, re-créons-nous les uns les autres en fidélité à la parole insurrectionnelle qui ne passe pas. Ô toi, parole chaleureuse, pardonne-moi d'avoir été trop modéré, trop mesuré au regard de ton exigence radicale. Contrairement à ton conseil d'humour créateur, j'ai jeté la perle aux cochons mais pas à l'animal de ce nom, lui l'innocent, à des cochons à visage humain et même à gueule religieuse, fabriqués par le démon du pouvoir. Alors ça n'a pas tardé. Comme tu l'as prophétisé avec une précision historique incomparable, ils l'ont piétinée, ta perle, puis ils se sont retournés contre moi et ils m'ont déchiré, ils m'ont chassé.

12. « En vérité, je vous le déclare, personne n'aura laissé maison, frères, sœurs, mère, père, enfants ou champs à cause de moi et à cause de l'Évangile, c'est-à-dire de l'Heureuse Nouvelle du salut, sans recevoir au centuple, donc cent fois autant, tout de suite en ce temps-ci maisons, frères, sœurs, mères, enfants et champs, avec des contradictions, des persécutions, et dans le monde à venir, la vie éternelle. » (Luc, X, 29-30). Mais c'est d'une clarté ! Je suis obligé de constater que mon ancien couvent et, à travers lui, ma province dominicaine de Toulouse, peut-être aussi, dans ce qu'il a de trop institutionnel, d'insuffisance prophétique, mon ordre plus des prêcheurs et des docteurs que des frères tribuns penseurs orateurs, n'a pas respecté le contrat d'aventure commune signé avec moi. J'en suis donc réduit à la pratique pensée douloureusement joyeuse d'une fidélité unilatérale. Mais si ma fratrie religieuse m'a menti, l'Infini Dieu a tenu parole en son Verbe qui prend chair, suscite et ressuscite avant la mort, pendant la mort et après la mort.

Pour avoir renoncé au grand amour d'une femme, aux liens de tendresse familiale à cause de Jésus Verbe, de son Évangile, ce qui m'a valu comme signe visible d'approbation divine d'être jeté dehors par la petite poignée des faux frères, j'ai trouvé la multitude croissante des vrais frères au masculin et au féminin. Car voilà bien l'une des plus grandes révélations de ma vie.

NON À L'INTOLÉRABLE ! OUI À L'INCONCEVABLE !

EN GUISE D'ENVOI

On dit infiniment mieux Dieu en disant ce qu'il n'est pas qu'en disant ce qu'il est. Pour tout dire, en forme d'inépuisable question d'une immense somme théologique à recréer par fidélité non littérale mais prophétique au grand Thomas d'Aquin qui déjà ne déclama pas « *Deus est* » (Dieu est) mais « *Utrum Deus sit ?* » (Est-ce que Dieu existe ?), nous proclamons « *Utrum Deus sit summa Potestas ?* » (Est-ce que Dieu est le pouvoir suprême ?) et nous y répondons « *Si Deus est summa potestas, Deus est demonium !* » (Si Dieu est le pouvoir suprême, Dieu est le diable !). Le fruit le plus récent de mon expérience, quand je ne crée pas, je déprime. Alors, à toute l'humanité en peuple : « Crée ou crève »

À tous, je vous dis : tissez, brodez, sculptez mille et une contradictions, âpres controverses du Verbe sans lesquelles ma vie ne serait, en soumission au pouvoir, qu'une monotonie mortelle, vous êtes visiblement, palpablement mon centuple, prélude, parole humano-divine de la vie éternelle.

Postface

ESQUISSE DE LA VISION AFRICAINE DU PROCESSUS D'HUMANISATION

par Jean Théophile BANZOUZI

En guise de *mbote*[1] (salutation fraternelle)

À Jean Cardonnel
Philosophe de la radicalité et chercheur en fraternologie.

C'est d'abord à lui que je fais ce clin d'œil de la spiritualité africaine. « Tu m'es unique au monde dans un monde qu'il faut d'extrême urgence peupler d'uniques au monde ». Cette parole de Jean me renvoie en effet d'une manière frappante à la philosophie africaine que je vais présenter ici à partir du fonds culturel *kongo* dont je suis issu, et qui témoigne de l'universalité de l'africain, de sa singularité universelle.

La tradition africaine enseigne que je n'existe que parce que je suis en relation, une relation dans une dynamique circulaire et intégrative. Il s'agit véritablement d'une relation constituante, une relation au visible et à l'invisible, aux vivants et aux morts, à ceux qu'on ne connaît pas et à ceux qui vont venir. Il ne s'agit pas d'une relation bornée à l'humain mais intégrant aussi bien les animaux, les plantes et les minéraux. Ainsi, chaque fois que l'humain ne parvient pas à connaître sa véritable dimension c'est-à-dire son lien total à tous les éléments de l'univers visible et invisible, il co-participe à sa propre destruction. Ce n'est pas seulement aux points d'interface des différentes singularités que doit se jouer cette relation. Cette dernière, considérée comme principe de vie, ne peut être vécue que dans une ouverture totale allant à la plus grande des intuitions à expérimenter : à chaque rencontre, je découvre que l'autre n'est autre que moi-même.

1. En *kikongo*, le « u » et le « w » se prononcent « ou », et le « e » « é ». Sinon, les autres lettres se prononcent comme en français.

Si on ne garde pas en tête ce corpus de la spiritualité africaine, il est difficile voire impossible de comprendre l'Afrique et sa culture. Dans ce que je viens de mettre en exergue, il est aisé de s'apercevoir que pour l'Africain, la pierre vit comme les autres êtres vivants quand bien même sa vitalité se situe sur une dimension plus subtile encore. Or si cette relation est constituante, donc me constitue, mes actes avant les paroles doivent être la traduction de ma compréhension de cette relation. Beaucoup disent que l'Africain est religieux par essence, je ne crois pas que ce soit le bon terme. L'Africain est par essence dans un élan spirituel. Il croit que c'est Dieu qui crée toute chose et par conséquent toute la nature est divine. Ainsi, dans l'espace kongophone, Nzambi (Dieu) prend dans ce cas précis un autre nom-attribut. Il devient alors *Nzambi Kalûnga, wa lûngila mu babo ye biabio (Dieu tout entier dans sa création et toute la création manifeste sa présence).* Les enseignements reçus des sages africains font aspirer à entrevoir le divin dans tous les éléments du monde visible et invisible (qui sera visible quand l'apprenant aura changé ses lunettes, quand son cristallin ne sera plus obscurci par les pensées étriquées). Un peu comme si Dieu jouait à cache-cache avec nous et que tout le jeu de la vie consistait à le débusquer partout où il se cache pour entrer en « empoignade » c'est-à-dire en échange d'égal à égal avec lui pour que concrètement, notre vie de tous les jours ait du sens et soit émancipatrice. Il est alors le libérateur qui ne retient pas prisonnière son œuvre mais qui la fait se déployer à son image. Dans ce jeu-recherche, l'enjeu est de nous révéler à nous-même notre véritable identité c'est-à-dire notre nature divine. En étant à l'écoute de la création, il nous est donné d'entrevoir des indices à interpréter avec nos outils personnels, toujours à élaborer en lien avec nos ancêtres, nos congénères par une observation méticuleuse et réfléchie de la nature. Le meilleur moyen est d'être donc en ouverture totale avec notre mère-dieu-nature, désolé pour ceux qui s'arrêtent aux mots, et de la vénérer au sens de la respecter, de l'écouter. C'est cet élan que les étiqueteurs ont qualifié d'animisme et que sais-je encore. A cause de la connotation péjorative et imprécise de ce terme, laissons donc cette invention à son inventeur pour que son vide communique son propre vide.

« *Wa dia fwa, yika dio* », si tu veux profiter de l'héritage, fais-le d'abord fructifier.

Auprès des sages, ce proverbe clôt souvent leur prise de parole. Ils incitent ainsi à pratiquer le *kimbangula*, qu'on peut traduire d'une manière lapidaire par herméneutique (technique d'interprétation des textes et du discours) ou le *midrash* de mes frères hébreux. Le *ki-mbangu-la* est bien plus qu'une technique, c'est un principe d'action. Dans la sagesse africaine toute la puissance est dans l'interprétation du symbole. Ce symbole ne sera pas la finalité mais le processus de la connaissance. Le *ki* ici traduit l'idée de principe, point de départ, là où les choses viennent prendre corps avant leur concrétisation et leur déploiement, là où l'énergie se concentre pour donner corps. L'élément qu'il porte doit donc être vu dans un processus d'incarnation et ceci est d'autant plus vrai que le mot se termine par la particule *la*. En kikongo cette particule est capitale surtout quand elle est placée en suffixe, dans ce cas, elle traduit l'idée de continuité non pas dans la linéarité mais dans la spiralité. La spiralité est une circularité de maturation et d'affinement de l'intuition jusqu'à son jaillissement qui peut se traduire en formule, en concept, en objet palpable et plus loin encore en une transfiguration. Ici l'élément porteur est le *ki*, l'élément exhausteur est le *la*, l'élément principal ou sujet est le *mbangu*. *Mbangu* dérive de *mba* (ou *mbau,* qui est le feu sacré) et de *ngu* qui est la puissance. *Mbangu* traduit donc la puissance du feu sacré. Mais puissance ne peut être vu à l'extérieur de l'objet ou du sujet. C'est ainsi que *mbangu* donne naissance à *mbangi,* c'est-à-dire témoin. Il est le témoin, le symbole vivant, l'incarnation de ce qu'il interprète, pas seulement aujourd'hui mais à l'infini, et c'est la particule *la* qui traduit cette infinité. Cette particule signe le point oméga montrant que « le *mbangi* est témoin parce que son rayonnement n'a de raison d'être que s'il fait rayonner tous ceux qui le constituent, c'est-à-dire tous les éléments de l'univers ». Ainsi je peux maintenant donner une définition encore non exhaustive car cela nécessiterait d'autres développements du *kimbangula* connue seulement des sages silencieux africains. Le *kimbangula* est donc une science d'interprétation à l'infini des intuitions, des symboles et des faits de l'univers visible et invisible jusqu'à leur cristallisation, leur concrétisation et leur incarnation pour le plus grand bien de tous par tous. En donnant ce proverbe « *wa dia fwa yika dio, si tu veux profiter de l'héritage, fais-le d'abord fructifier* » l'agité de sa suffisance ne voit là qu'une formule qu'il s'empressera de fourrer partout alors que le sage lui dit : fructifie avant de consommer. En d'autres termes, cet héritage, cette formule est une graine, plante là pour manger ton fruit, le fruit de ton travail. Il dit : entre dans le *kimbangula*, fais du toi, pour ton plus grand bien et celui des autres qui ne sont autres que toi. Les vrais sages africains ont horreur de violer l'imaginaire des apprenants, ce que tu auras tu l'auras mérité. « *Sala mu sasuka*, travaille pour croître et grandir disent-ils, il n'y a pas de place pour les prêts à penser tellement pestilentiels parce que prémâchés et fermentés par passages successifs depuis des millénaires dans toutes les bouches.

***« Ya, wa, ba, mpungi bakulu », ya, wa, ba,* sont les sons du clairon des anciens.**

Les *bakulu* et au sens large *bakulu ba nûnga* sont les ancêtres divinisés. Le *mpungi* est un instrument à corne dont la musicalité symbolique est très utilisée dans les cérémonies traditionnelles. Si ces trois vocables (ya, wa, ba) sont associés à *mpungi* et *bakulu*, c'est qu'il faut y voir autre chose. *Ya* est une invitation à brûler. *Wa* une invitation à entendre tandis que *ba* invite à *être* donc à *devenir*. Dans ces trois cas ce sont des impératifs, ils s'opposent donc à la stabilité de l'être, au statu quo. Ce dicton est une suite logique. En effet pour éviter la fossilisation de la Parole, le *nlandu* (disciple, ou apprenant au sens général) doit expérimenter ses intuitions. C'est au feu de l'expérience (*ya*) qu'il doit tester la solidité de ses certitudes. Pour cela une seule attitude doit le guider, le *wa*. Il ne s'agit pas ici d'entendre une parole mais d'entrer en communion étroite avec elle pour ne faire avec cette parole qu'une seule chair jusqu'à l'ultime transformation du *nlandu*. Le *wa* est utilisé traditionnellement pour exprimer autrement le verbe accepter (accepte que cette parole fasse écho en toi, laisse-toi pétrir par cette parole, entre dans l'entendement, dans la profondeur des choses). Bref, sois en ouverture totale, c'est ainsi que tu seras transformé. En effet, il s'agit ici d'une ouverture à une Parole qui, une fois entendue, ne te laissera pas comme tu étais avant. Celui qui entre en fusion avec cette parole, sera déchiré jusqu'à conserver une cicatrice indélébile. C'est pour cela qu'en *kikongo* la cicatrice se nomme *kiwa* (*ki-wa* ou principe d'entendement). De mon expérimentation viendra la connaissance. En d'autres termes *ya*, *wa*, *ba* veut dire « j'expérimente donc je serai ». Je ne suis pas parce que je pense. Je ne suis pas parce que je parle, je ne suis pas parce que j'entends. D'ailleurs le « *je suis, sum* » me limite et donc me réduit. On ne peut me définir par ce qui me finit mais plutôt par ce qui me fait devenir. Je suis toujours en devenir (*Ba*). C'est à mon acte, à mon expérience – parce que tout est toujours à re-expérimenter – que je serai. Quelle est cette parole qui ne déchire ni ne transfigure ? L'erreur fondamentale est de faire de l'écrit un outil d'enregistrement et non un outil de transformation. C'est la parole vécue, donc incarnée qui transforme et non les beaux textes et codes écrits. Il n'y donc pas à mon avis une suprématie de l'écrit sur la parole. Il y a tout simplement un manque d'outils d'exploration de l'oralité. Ces outils doivent être élaborés par les peuples de l'oralité afin de lire les livres scellés des traditions et cela passe par la maîtrise des langues mères, or malheureusement ce sont les pidgins qui s'imposent. Je comprends alors le cri d'un sage africain, Hamadou Hampaté Ba quand il lance : « *Un vieillard qui meurt en Afrique, c'est toute une bibliothèque qui brûle.* » Ce cri a été mal compris, il est souvent limité à une exhortation à écrire les traditions africaines. Je crois qu'il faut lui donner un contenu plus large, conforme à la tradition africaine. Je veux dire que ce qui compte, ce ne sont pas que les paroles, mais la manière, la chaleur, le relief, bref tous les éléments subtils souvent difficiles à discerner qui accompagnent la parole. Hampaté Ba veut dire aux jeunes Africains d'aller à l'école des anciens. Ainsi, ils comprendront la sociologie, la culture africaine sans quoi l'avenir est singulièrement compromis. Ce n'est pas dans l'uniformisation culturelle dans laquelle le monde est lancé que l'Afrique s'éveillera.

« *Vo yungidi na lawu, masembo yukuti mo* », si tu te promènes avec un fou, tu seras rassasié de réprimandes.

De nombreux ethnologues et scientifiques ont déferlé à travers l'Afrique à la recherche des faits et données diverses pour comprendre cette Afrique hermétique à leurs yeux et d'autant plus obscure que leurs sens étaient obscurcis par la foule de leurs préjugés. Moins ils comprenaient – peut être pour ne pas montrer leur ignorance – plus ils s'enfonçaient encore de plus belle dans le ridicule. Les insultes, les calomnies aux pseudo théories scientifiques sur l'animalité du noir, rien à faire tout a été dit, pensé et l'impensable réalisé. Comment comprendre une société orale si l'on n'a aucune maîtrise de la langue, si l'on se place déjà en supérieur ? Pour les fous, les sots et les prétentieux, ces livres codés que sont les proverbes, contes, dictons, devinettes et chants initiatiques, ne devenaient alors que du folklore. Depuis, ces ethnologues qui sont allés récolter les rudiments de la culture africaine sont devenus des professeurs. Si avec ces connaissances parcellaires, non structurées, non maîtrisées, ils sont devenus professeurs, quel diplôme peut on donner alors aux grands maîtres silencieux de la sagesse africaine ? Or pour gagner leur place dans cette société nouvelle où seules les valeurs des esclavagistes et colons comptaient, beaucoup d'Africains ont commencé à perdre et nier des pans entiers de leur histoire et de leur culture. Cette destructuration était planifiée avec au sommet les représentants des différentes religions. On sait maintenant avec six siècles d'esclavage et de colonisation quelle était leur mission. Plus on était acculturé, plus facile était l'insertion. Ne connaissant plus la signification des pratiques spirituelles, n'ayant plus les outils d'interprétation du monde adapté à leur culture, les négro-africains n'avaient qu'un choix, plonger leurs racines sur une terre étrangère pour s'amender croyaient-ils jusqu'à muter comme le prévoyait leur maître. Je postule que là est la clé du sous-développement. Maintenant, ces ethnologues professeurs ont trouvé une astuce plus perfide encore pour faire avaler leur mensonge érigé en vérités scientifiques, historiques, divines. Dans les universités chrétiennes et publiques, ce sont les Africains qui sont en première ligne pour ressortir et consolider ces distorsions de l'histoire au travers des notes, références bibliographiques et thèses de tout genre.

« *Wuna mona kinyumba, mona mpe ndoki* », si tu découvres le mauvais esprit, découvre aussi le sorcier.

Dans les nombreuses discussions avec les africanistes (spécialistes de l'Afrique, ce qui ne veut pas forcément dire *amis* de l'Afrique), il y a une sorte de tabou qui interdit toute discussion sur l'esclavage, la colonisation et le néo-colonialisme avec les réseaux mafieux qui prospèrent en Afrique. Si l'on souhaite le développement de l'Afrique, il faut bien chercher les causes du sous-développement. Or malheureusement, l'histoire tragique de l'Afrique explique beaucoup de choses sur le chaos qui y règne. Je veux dire que, même sur le plan analytique pur, ce long calvaire africain ne peut être balayé d'autant moins que la modernité du monde lui est intimement liée. Ce proverbe est généralement lancé dans les procès chez les *kongo* pour dire qu'il faut continuer à chercher les faits pour arriver à découvrir la vérité profonde. Sans cette analyse des faits et surtout le déploiement de ces faits dans l'aujourd'hui, il est impossible de construire ce monde. Beaucoup prétendent hypocritement, qu'il est possible de parler de paix, de prospérité dans le monde en marginalisant la majorité de l'humanité. L'Afrique, berceau de l'humanité jusqu'à nouvel ordre est le symbole de toutes les Afriques du monde et celles-ci n'ont qu'une couleur : la misère.

Or, l'Afrique a-t-elle toujours été symbole de misère ? Le testament de l'ethnologue allemand, Leo Frobenius (1873-1938), auteur d'une douzaine d'expéditions en Afrique noire entre 1904 et 1935, nous affirme sans équivoquer le contraire : « *Les révélations des navigateurs portugais du XV*^{e} *au XVIII*^{e} *siècle fournissent la preuve certaine que l'Afrique nègre qui s'étendait au sud de la zone désertique du Sahara était encore en plein épanouissement, dans tout l'éclat de civilisations harmonieuses et bien formées.* » Et cet autre passage : « *Lorsqu'ils (les navigateurs européens) arrivèrent dans la baie de Guinée et abordèrent à Vaïda, les capitaines furent fort étonnés de trouver des rues bien aménagées bordées sur une longueur de plusieurs lieues par deux rangées d'arbres : ils traversèrent pendant de longs jours une campagne couverte de champs magnifiques, habités par des hommes vêtus de costumes éclatants dont ils avaient tissé l'étoffe eux-mêmes ! Plus au sud, dans le Royaume du Congo, une foule grouillante habillée de soie et de velours, de grands États bien ordonnés et cela dans les moindres détails, des souverains puissants, des industries opulentes. Civilisés jusqu'à la moelle des os ! Et toute semblable était la condition des pays à la côte orientale, la Mozambique, par exemple.* » Alors, que s'est-il passé ? Frobenius n'hésite pas à attribuer à l'Occident la responsabilité de la chute des civilisations africaines : « *Cette floraison (de civilisations), les conquistadores européens l'anéantissaient à mesure qu'ils progressaient. Car le nouveau pays d'Amérique avait besoin d'esclaves et l'Afrique en offrait : des centaines, des milliers, de pleines cargaisons d'esclaves ! Cependant, la traite des Noirs ne fut jamais une affaire de tout repos ; elle exigeait sa justification ; aussi fit-on du Nègre un demi-animal, une marchandise. Et c'est ainsi que l'on inventa la notion du fétiche (portugais : feticeiro) comme symbole d'une religion africaine. Marque de fabrique européenne ! Quant à moi, je n'ai vu dans aucune partie de l'Afrique nègre, les indigènes adorer des fétiches* [...]. *L'idée du « Nègre barbare » est une invention européenne qui a, par contre coup, dominé l'Europe jusqu'au début de ce siècle.* » Et quand Frobenius parle de « ce siècle », il s'agit du XXe siècle ! Il est impressionnant de constater combien cette idée de la barbarie de l'Africain, qui permettait par comparaison aux Européens de se sentir plus fiers de leur propre civilisation, s'est vite enracinée dans les « meilleurs » esprits.

Voyons maintenant comment, depuis le Roi Soleil, l'Occident s'arrange pour justifier sa vision de l'Afrique, depuis l'affirmation initiale du caractère de « bien meuble » de l'Africain en passant par une négation de son statut d'être humain, tout ceci par la volonté de Dieu (malédiction de Cham) pour en arriver à lui refuser toute civilisation. Pour un rappel de ce qu'est la civilisation, soit dit en passant, nous vous proposons la définition suivante : « Ensemble des phénomènes sociaux, religieux, intellectuels, artistiques et techniques propres à un peuple et transmis par l'éducation, » et nous vous laissons juges du degré de civilisation des auteurs des déclarations suivantes, classées par ordre chronologique.

Code Noir (1685) : « Art. 44. *Déclarons les esclaves être meubles et, comme tels, entrer dans la communauté, n'avoir point de suite par hypothèque, se partager également entre les cohéritiers, sans préciput et droit d'aînesse, n'être sujets au douaire coutumier, au retrait féodal et lignager, aux droits féodaux et seigneuriaux, aux formalités des décrets, ni au retranchement des quatre quints, en cas de disposition à cause de mort et testamentaire.* »

L'évêque de Londres (1727) : « *Le christianisme ou le choix de l'Évangile n'entraînent pas la moindre altération de la propriété civique ou de l'un des devoirs qui sont propres aux relations civiques, mais à tous égards, il maintient la personne exactement dans la même situation qu'il l'a trouvée. La liberté que le christianisme confère est une libération de l'esclavage du péché de Satan, et de la domination des convoitises, passions, désirs désordonnés des hommes ; quant à la condition extérieure, le fait d'être baptisé et de devenir chrétien ne la change aucunement : elle demeure ce qu'elle était auparavant, esclave ou libre.* »

Barnave (député français) parle ainsi lors d'une séance de l'Assemblée nationale française le 23 septembre 1791 : « *En raison de l'effrayante disproportion qui existe entre le nombre des blancs (33 000) et celui des esclaves (450 000), il faut pour contenir ceux-ci que le moyen moral vienne à l'appui de la faiblesse des moyens physiques. Ce moyen moral est dans l'opinion qui met une distance immense entre l'homme noir et l'homme blanc. C'est dans cette opinion qu'est le maintien du régime des colonies et la base de leur tranquillité. Du moment que le nègre pourra croire qu'il est l'égal du Blanc ou que celui qui est dans l'intermédiaire (le mulâtre) est l'égal du Blanc, il devient impossible de calculer l'effet de ce changement d'opinion. Ce sont les préjugés qui sont la sauvegarde de l'existence des Blancs dans les colonies. Ce règlement est absurde, mais il est établi et on ne peut y toucher brusquement sans entraîner le plus grand désordre ; ce régime est oppressif, mais il fait exister en France plusieurs millions d'hommes ; ce régime est barbare, mais il y aurait une plus grande barbarie à vouloir y porter les mains sans avoir les connaissances nécessaires : car le sang d'une nombreuse génération coulerait par votre imprudence.*»

Joseph Arthur de Gobineau (diplomate et essayiste français) déclare en 1853 : « *Le nègre possède au plus haut degré la faculté sensuelle sans laquelle il n'y a pas d'art ; et d'autre part, l'absence des aptitudes intellectuelles le rend complètement impropre à la culture de l'art, même à l'appréciation de ce que cette noble application de l'intelligence des humains peut produire d'élevé. Pour mettre ses facultés en valeur, il faut qu'il s'allie avec une race différemment douée.* »

Victor Hugo (poète et essayiste français), 18 mai 1879, « *Le moment est venu de faire remarquer à l'Europe qu'elle a à côté d'elle l'Afrique. Le moment est venu de dire à l'Espagne, à la France, qu'elles sont toujours là, que leur mission est modifiée sans se transformer, qu'elles ont toujours la même situation responsable et souveraine au bord de la Méditerranée, et que, si on leur ajoute un cinquième peuple, celui qui a été entrevu par Virgile et qui s'est montré digne de ce grand regard, l'Angleterre, on a à peu près tout l'effort de l'antique genre humain vers le travail, qui est le progrès, et vers l'unité, qui est la vie. La Méditerranée est un lac de civilisation ; ce n'est pas pour rien que la Méditerranée a sur l'un de ses bords le vieil univers et sur l'autre l'univers ignoré, c'est-à-dire d'un côté toute la civilisation et de l'autre toute la barbarie. Le moment est venu de dire à ce groupe illustre de nations « Unissez-vous ! Allez au Sud ! » Il est là, devant vous, ce bloc de sable et de cendre, ce monceau inerte et passif qui depuis six mille ans fait obstacle à la marche universelle. Dieu offre l'Afrique à l'Europe. Prenez-la. Prenez-la, non pour le canon, mais pour la charrue; non pour le sabre, mais pour le commerce; non pour la bataille, mais pour l'industrie; non pour la conquête, mais pour la fraternité. Versez votre trop-plein dans cette Afrique, et du même coup résolvez vos questions sociales, changez vos prolétaires en propriétaires. Allez, faites ! Faites des routes, faites des ports, faites des villes; croissez, cultivez, colonisez, multipliez* !

Jules Ferry (ancien premier ministre français) déclare devant les députés le 28 juillet 1885 : « *Les colonies sont pour les pays riches un placement de capitaux des plus avantageux.[...] Dans la crise que traversent toutes les industries européennes, la fondation d'une colonie, c'est la création d'un débouché.[...] Messieurs, il faut parler plus haut et plus vrai ! Il faut dire ouvertement qu'en effet les races supérieures ont un droit vis à vis des races inférieures* [...] *parce qu'il y a un devoir pour elles. Elles ont un devoir de civiliser les races inférieures.[...] Ces devoirs ont souvent été méconnus dans l'histoire des siècles précédents, et certainement quand les soldats et les explorateurs espagnols introduisaient l'esclavage dans l'Amérique centrale, ils n'accomplissaient pas leur devoir d'hommes de race supérieure. Mais de nos jours, je soutiens que les nations européennes s'acquittent avec largeur, grandeur et honnêteté de ce devoir supérieur de la civilisation [...].* » Et, en 1897 : « *La*

France, qui a toujours regorgé de capitaux et les a exportés en quantité considérable à l'étranger, a intérêt à considérer sous cet angle la question coloniale. C'est pour les pays voués comme le nôtre, par la nature même de leur industrie, à une grande exportation, la question même des débouchés... Là où est la prédominance politique, là est la prédominance des produits, la prédominance économique. »

Le professeur Kesteloot affirme aux colons belges : « *Il faut que les gens de couleur... croient que l'infériorité de leur situation est due essentiellement à la couleur de leur peau. Vous devez tout mettre en œuvre pour les en persuader.* »

Thomas P. Bailey va encore plus loin (1914) : « *Le sang parle. La race blanche va dominer. Les peuples teutons sont purs. Le nègre est inférieur et le restera. L'homme blanc le plus bas sera toujours plus que l'homme noir le plus élevé. Tout cela est la preuve des destins de la providence.* »

Notons que Léopold II (Roi des Belges) dit, le 24 août 1886, au diplomate Lambermont, son bras droit dans la colonisation du Congo Belge : « *Je tiens à ce que notre Congo soit évangélisé par les Belges.* » Il n'y avait donc pas d'incompatibilité à ses yeux entre la colonisation et l'évangélisation. C'est l'alliance classique du sabre et du goupillon.

Est-il besoin de commenter ?

Aujourd'hui, avoir recours aux arguments présentés ci-dessus n'est plus possible. D'aucuns diront que la vision coloniale est du passé, qu'il n'y a plus à y revenir. Je les invite à sortir de l'hypocrisie et à ouvrir les yeux. Les grandes valeurs prêchées par les maîtres du monde paraissent en totale contradiction avec la grande corruption dénoncée par des personnes comme Eva Joly, le soutien aux dictateurs et l'ingérence quotidienne dans la vie d'États prétendus souverains Pour compléter le titre du livre d'Eva Joly, est-ce dans ce monde-là que nous voulons vivre, où l'on dit tout et le contraire de tout, où l'on fait le contraire de ce que l'on dit ?

« *Wa biala vuata bungamba* », toi qui veux régner met l'habit du manœuvre.

Il s'agit bien de l'habit du manœuvre et non du manœuvrier. En guise d'exaltation les sages *kongo* disent « le roi est roi, le savant est savant, le saint est saint parce qu'ils sont esclaves de tous. C'est parce qu'ils sont au service de tous et pour cette raison seule qu'ils sont vénérés ». C'est le principe *mikôno*. Qu'est-ce à dire ? Ce principe était la base de l'autorité dans l'ancien royaume du Kongo. Le roi est considéré comme un éternel voyageur. Il ne se décharge jamais de son poids (le peuple) qu'il a promis de conduire. Ce principe millénaire était le garant de la stabilité, de l'harmonie, de la paix et du progrès. Le roi qui jure servir le peuple doit le faire en respectant le principe *mikôno*. Il ne doit être ni tyrannique, ni despote, ni fossoyeur des biens que le peuple a produit en veillant à une redistribution équitable. Pourquoi nous sommes-nous empressés d'enterrer ce beau principe ? Parce que l'Afrique, par un jeu de manipulations successives, orchestrées pour faciliter le pillage de ses richesses avec la complicité active de dirigeants soigneusement choisis, a été projeté sur un chemin politique pensé selon des schémas qui ne lui sont pas propres. « *Wa biala vuata bungamba* » signifie aussi que l'africain qui est aujourd'hui confiné dans une modernité excluante doit pratiquer le *kinkatu*, que je peux traduire de la manière suivante : « au commencement de la connaissance se trouve le principe d'humilité, la découverte ramène à l'humilité et au cœur de la création se trouve l'humilité ». L'Afrique doit penser sa modernité avec les éléments de la tradition et explorer sa tradition avec les outils de la modernité. C'est sur ce juste équilibre que doit se faire la synthèse nécessaire de la culture africaine. Mes nombreuses discussions avec mes amis scientifiques occidentaux me montrent que les découvertes scientifiques et l'évolution technologique les confinent à des pensées stéréotypées. Ils perdent peu à peu le goût de la philosophie, de la pensée globale car aveuglés par leurs recherches et petites découvertes. Or c'est justement là que l'Afrique peut penser son avenir. Ce qui caractérise la pensée africaine c'est la vision globale dans tous les domaines, spirituel, scientifique et social. Partant des fondements, de sa tradition et de sa culture, elle opère par synthèse. Mes récents voyages en Afrique me l'ont confirmé, cette possibilité, cette faculté de synthèse y est encore bien présente et c'est une force. Pour l'Africain, la recherche du sens des choses et de la vie ne peut se situer dans un élan mécanistique. L'humain n'étant pas une machine, il ne peut être vu comme une combinaison d'éléments. Au-delà de ce que je considère comme réel, il y a une réalité aussi réelle qu'il m'est donné de découvrir. Dans la pensée africaine, il n'y a pas d'échelle entre le concret et le subtil, les deux sont des champs de mon expérience toujours à vivre avec parfois passage d'une sphère vers une autre. Et tout l'apprentissage dans les *mbongi* (école d'initiation de masse, lieu d'éveil théorique et philosophique dans la société *kongo* avant la pratique qui se fera dans la nature et à chaque rencontre) consistera à donner les outils, les armes pour explorer dans les deux univers. Il n'y a pas d'un côté les chercheurs patentés, détenant le parchemin du système et de l'autre la masse sans envergure, la foule à fouler au pied. Non ! Comme nous venons de le dire, toute la vie est recherche. Il n'y a qu'à voir toute l'intelligence que déploie la racine pour aller en profondeur, sondant et évitant les voies sans issue pour comprendre que la recherche est au cœur de la vie. Je sais que cette vision est peu orthodoxe. Et alors ! Je crois que toute la vie est intelligente. Les catégories (*mansola*) sont parfois nécessaires à la compréhension mais elles ne sont qu'approximation. Il est donc nécessaire de recourir à une autre vision, plus globale, à savoir les mariages catégoriels (*minkuensola*). Pour mieux comprendre cette notion, on peut penser à l'exemple de l'œuf et de la poule, faux débat par excellence car il n'y a pas d'un côté l'œuf et de l'autre la poule, les deux entités participent de la création – incessant mouvement de va et vient. Le *kinkatu* est la loi par excellence du chercheur sincère que nous devons tous être. Mise à part la folie des maîtres du monde dont les bombes peuvent détruire la vie sur terre, il est plus que chimérique de croire que tout a été trouvé. Seul un atome de l'univers a été découvert. Tout est à découvrir, tout est à créer. Et le crime des crimes est d'étioler, de brider et briser cette créativité qui à l'image de Dieu, comme le dit la tradition, fait de nous des créateurs. Dans ce sens, il n'y a pas de contradiction entre la création et l'évolution. L'un rend raison de l'autre, un parfait *kinkuensola* (singulier de *minkuensola*).

« *bôle bantu, bukaka musongo* », deux font l'humanité, l'individualisme est un fléau mortel.

Il est impossible de parler de l'humanité sans commencer par au moins deux individus, pas qui se regardent comme deux chiens prêts à se dévorer, mais deux personnes qui entrent mutuellement en co-création. Pas deux êtres en concurrence mais deux êtres en émulation créatrice. Pas deux individus en compétition mais deux entités en synergie. Beaucoup, vivant encore dans une nébuleuse moyenâgeuse et atteint d'une lèpre comparative, veulent nous faire croire que le *muntu* (au pluriel *bantu*) n'est pas l'égal du californien. Quand d'évidence, pour le vieux de mon village, un blanc, un pygmée, un juif, un chinois etc. est un *muntu*, un humain tout simplement, pour le californien, l'européen fier de sa race supérieure, ce vieux appartient à la peuplade, l'ethnie, la tribu *bantu* qu'il faut mesurer classer jusqu'à l'absurde. Dans ce cas, je suis dans une difficulté majeure car je me heurte à deux fronts : l'un africain, constitué par des perroquets, savants récitateurs des idées préconçues du classificateur européen qui va crier à l'hégémonie *bantu* et de l'autre côté les experts occidentaux qui, devant cette évidence, vont me démontrer en utilisant tous les outils scientifiques que le californien est bien différent du *bantu*, du *peul*, du *papou*. Et pourtant, je sais que tous les humains de la terre sont des *bantu*. La sagesse africaine va plus loin encore. *Mu-ntu* est composé de la particule « *mu* » étant la contraction de *mu-nkua* (qui est avec) ou *mu-nga* (qui a, qui possède, qui maîtrise) » et du « *ntu* », c'est-à-dire la tête. *Muntu* signifie donc « qui a sa tête, toute sa tête et utilise tout son cerveau avant d'agir et pas seulement son cerveau reptilien ». Ces prédicats étant posés, nous pouvons aller plus loin. Pour les sages silencieux africains (*nabi,* terme qui leur est consacré chez les *Kongo*), *muntu* est un nom-attribut de *Nzambi* (Dieu). Je ne peux pas dire en simple logique, je ne suis qu'un simple humain avec mes fautes, mes faiblesses et cela durera tant que le monde restera monde. Non, est *Muntu*, celui qui travaille sur les plans de conscience supérieurs. Plus que l'humain, le *muntu* est le premier nom que nous donnons à l'être qui est tout entier engagé dans le processus d'humanisation qui n'est autre que le processus de divinisation. Avoir une tête, deux jambes, deux bras, des viscères et autres organes ne fait pas de vous forcément un *muntu*. Ce qui fait le *muntu* c'est le *ki-muntu* (qualité résultant de l'incarnation du principe d'humanité), qui ne s'acquiert pas par lecture et récitations savantes mais en suivant, vivant, incarnant le divin. Quand bien même il a toute l'apparence extérieure du *muntu*, celui qui n'incarne pas le *kimuntu* n'est pas un *muntu*. La tradition lui donne un autre nom d'une meilleure précision, c'est un *kimpumbulu*, terme signifiant : un être plus bas que l'animal. La traduction la plus juste en français théologique serait la *bête*. La *bête* n'a pas sa place dans ce monde, dans celui des ancêtres divinisés non plus. Comme Jean Cardonnel en a eu l'intuition forte, la personne qui n'agit pas en ressuscité avant sa mort ne le fera pas davantage après. Cette personne sera appelée le mort éternel *nkuyu (*traduit par simplification en diable, le mort-vivant sur terre) et *nkadia mpemba* (le banni dans le plan d'existence des ancêtres). On voit bien que l'idée du diable extérieur à l'humain, qui passe son temps à tenter l'humain, à lui mettre les bâtons dans les roues, ne se conçoit pas et représente même un faux-fuyant. Bien pire encore, pour se persuader que l'humain n'est pour rien dans ses malheurs, les religions révélées enseignent même que Dieu, non seulement autorise le diable à nous tenter, il le fait lui-même pour éprouver la solidité de notre foi. En référence au *kimuntu*, le mal, considéré comme une sécrétion pestilentielle et contagieuse de l'humain, est le résultat d'une non-incarnation du *kimuntu*, d'un non-déploiement des potentialités intrinsèques présentes au cœur de l'individu depuis la création. Il est donc illusoire et même réductionniste de s'inventer un tentateur.

Ce que j'ai pu vérifier dans la société kongo en Afrique centrale est une constante dans les autres contrées africaines. L'exaltation du *kimuntu* était la base de l'éducation. Au niveau collectif, on parle alors du *bumuntu* (voie, chemin, processus d'humanisation de la société tout entière). Toute l'organisation de la société avait pour charpente les différents mécanismes d'installation du *kimuntu*. Les différents clans, villages oeuvraient pour qu'aucun membre de la communauté ne s'écarte de ce chemin, sinon c'est toute la communauté (incluant aussi bien les vivants que les morts) qui serait responsable de cet écart. Pour réharmoniser l'équilibre brisé, des cérémonies étaient organisées allant jusqu'aux psychothérapies de groupe. Il est on ne peut plus regrettable que les missionnaires européens, au lieu d'ajouter leur pierre à l'édifice, aient jugés nécessaire de commencer par tout détruire. Des sociétés africaines entières ont été destructurées par la volonté systématique de diaboliser tous les repères et structures qu'elles s'étaient données. Les missionnaires les rejetant pour imposer comme uniques références les façons de faire des colons. Or, si l'on enseigne à quelqu'un que le signe placé sur la propriété d'autrui pour empêcher le vol n'est qu'un fétiche qu'il faut mépriser, que fait-on concrètement, à part le pousser à voler ? Si l'opinion du missionnaire devient plus importante que celle du chef de famille, de clan, de village, qu'obtient-on à part une désorganisation des familles et des villages ? Un proverbe *kongo* dit : « *Mvuama kakaba mulele, wanginia* », lorsque le riche offre une étoffe, c'est qu'il y a des poux dedans. Ainsi, les cadeaux des missionnaires et colons, si bien intentionnés qu'ils aient parfois pu être, se sont bien souvent révélés empoisonnés.

Pour cette occasion qui m'était offerte, j'ai voulu tout simplement vous introduire aux valeurs africaines multimillénaires. Au travers de quelques proverbes, j'espère vous avoir donné un aperçu des éléments qui constituent les bases d'une véritable philosophie de vie dont la note résonne encore en Afrique pour celui qui veut bien voir, écouter et sentir. Partout où en Afrique la culture négro-africaine a été sauvegardée, nous retrouvons en toile de fond la relation s'articulant sur les deux sphères visible et invisible. Le divin fait toujours partie intégrante de sa création. Ce n'est donc plus une créature du créateur, mais le créateur lui-même. Etant en même temps parcelle et totalité, singularité et unicité, il est à l'image de tout élément de la création dont il fait partie. On ne voit que ce que l'on veut voir. On n'entend que ce que l'on veut entendre. On ne trouve que ce que l'on cherche. Si on part en Afrique avec les lunettes d'occidentaux, on ne comprendra jamais l'Afrique. Et si l'on ne veut pas comprendre l'Afrique, la décence impose le silence car le sage ne parle que de ce qu'il connaît. « *We na makutu ka wa Nzambi wa bonga wa sa*, que ceux qui ont des oreilles entendent, Nzambi l'a fait ainsi. »

BIBLIOGRAPHIE SUCCINCTE

Bailey, T. P., *Race Orthodoxy in the South*, Neale Publishing Company, New York, 1914.

Barnave, A., *Discours*, 1791, *in* Lucien Abénon, Jacques Cauna, Liliane Chauleau, *Antilles 1789, La Révolution aux Caraïbes,* Nathan, 1989.

Bimwenyi, K. O., « Discours théologique négro-africain. Problème des fondements », *in Présence Africaine*, 1981.

Chenu, B., *Dieu est noir*, Le Centurion, Paris, 1997.

Code Noir, article 44, L'esprit frappeur, Paris, 1998.

Dictionnaire de la langue française, Hachette, Paris, 1991.

Frobenius, L., *Histoire de la civilisation africaine* (traduit par Back et Ermont), Gallimard, Paris, 1938.

Gobineau, J. A., *Essai sur l'inégalité des races humaines,* éditions Pierre Belfond, 1967.

Hugo, V., *Discours prononcé à l'occasion d'un banquet commémoratif de l'abolition de l'esclavage*, le 18 Mai 1879, cité par le professeur Jacques Marseille, « *Victoires et déboires de la France coloniale* », *in Marianne*, n°348, 22 décembre 2003.

Joly E., *Est-ce dans ce monde-là que nous voulons vivre ?,* éditions des Arènes, Paris, 2003.

Robiquet, P., *Discours sur la Politique Extérieure et Coloniale*, Tome V, Armand Colin, Paris, 1897.

Suret-Canale, J., *L'Afrique Noire, Géographie, Civilisations, Histoire*, éditions Sociales, Paris, 1968.